V

rowohlts monographien
begründet von Kurt Kusenberg
herausgegeben
von Uwe Naumann

Hannah Arendt

mit Selbstzeugnissen
und Bilddokumenten
dargestellt von
Wolfgang Heuer

bildmono rororo graphien

Rowohlt

Dieser Band wurde eigens für «rowohlts monographien» geschrieben
Den Anhang besorgte der Autor
Redaktionsassistenz: Erika Ahlers
Umschlagentwurf: Werner Rebhuhn
Vorderseite: Hannah Arendt 1972. Fotografie von Fred Stein
Rückseite: Hannah Arendt 1927 (Hannah Arendt Estate,
Library of Congress, Washington D. C.)

Veröffentlicht im Rowohlt Taschenbuch Verlag,
Reinbek bei Hamburg, April 1987
Copyright © 1987 by Rowohlt Taschenbuch Verlag GmbH,
Reinbek bei Hamburg
Alle Rechte an dieser Ausgabe vorbehalten
Satz Times (Linotron 202)
Gesamtherstellung Clausen & Bosse, Leck
Printed in Germany
ISBN 978 3 499 50379 5

8. Auflage Juli 2007

Inhalt

Hannah Arendt Mitte der sechziger Jahre an der University of Chicago

Vorbemerkung

Nichts ist flüchtiger und vergeblicher als menschliche Worte und Taten; wenn sie nicht erinnert werden, überleben sie kaum den Augenblick des Vollzugs.
Geschichte und Politik in der Neuzeit

«Es fällt mir schwer, mir für den Rest meiner Tage eine Welt ohne Hannah Arendt vorzustellen», sagte der Philosoph Hans Jonas während der Trauerfeier in New York im Dezember 1975. «Ich war mehr als fünfzig Jahre lang einer ihrer Freunde, seit sie mit achtzehn Jahren als Erstsemesterstudentin der Philosophie unter den vielen jungen Leuten auftauchte, die aus ganz Deutschland in Scharen nach Marburg strömten... Scheu und in sich gekehrt mit auffallenden, schönen Gesichtszügen und einsamen Augen ragte sie sofort als ‹außergewöhnlich›, als ‹einzigartig› in einer bisher undefinierbaren Weise heraus. Intellektueller Glanz war damals kein seltener Artikel. Aber bei ihr war es eine Intensität, eine innere Richtung, ein Instinkt für Qualität, eine Suche nach dem Wesentlichen, ein Eindringen in die Tiefe, das einen Zauber um sie herum verbreitete. Man spürte eine absolute Entschlossenheit, sie selber zu sein, mit der Zähigkeit, es trotz der eigenen Verwundbarkeit durchzusetzen...

Sie war leidenschaftlich moralisch, aber überhaupt nicht moralistisch. Was sie auch immer zu sagen hatte, war wichtig, oft provokativ, manchmal auch falsch, aber nie trivial, nie gleichgültig, nie mehr zu vergessen. Selbst ihre Irrtümer waren lohnender als die Wahrheiten vieler weniger bedeutender Geister. Sie hatte natürlich gern recht und konnte gelegentlich ganz furchtbar streitsüchtig werden, aber glaubte nicht, wie sie mir gestand, daß wir heutzutage im Besitz der ‹Wahrheit› sein könnten. Sie glaubte vielmehr an den ständigen und immer nur vorläufigen Versuch, diejenige Facette zu erblicken, die sich uns zufällig unter den heutigen Verhältnissen zeigt. Das bis zu Ende zu denken, darin liegt die Belohnung selbst, denn wir werden danach mehr verstehen als vorher. Wir werden mehr Licht, aber noch nicht die ‹Wahrheit› haben.»[1]*

Hannah Arendt wurde von der deutschen Philosophie, besonders von

---

* Die hochgestellten Ziffern verweisen auf die Anmerkungen S. 123 f.

ihren Lehrern Heidegger und Jaspers sowie von Kant und Nietzsche geprägt. Sie liebte das leidenschaftliche Denken, ohne der Versuchung abstrakter Theorien und geschlossener Systeme zu erliegen. Vielmehr stellte sie sich in die Tradition des Lessingschen Selbstdenkens und hob bei aller notwendigen Verallgemeinerung in ihren Schriften immer wieder das Besondere und Einzigartige hervor. Ihre Texte sind essayistisch, teilweise polemisch, und drücken damit ihre immer wieder von Neuem begonnenen Denkwege und Diskussionen aus.

Auf Grund ihrer Erfahrungen mit dem Nationalsozialismus beschäftigte sie sich vor allem mit dem Mißtrauen der europäischen Philosophie gegenüber der Politik und den Gründen für das Versagen der politischen Wissenschaften. Das machte sie zur politischen Schriftstellerin, Philosophin und Historikerin, ohne daß sie in ein gängiges Schema eingeordnet werden könnte Oft galt sie bei Linken wegen ihrer Ablehnung des Marxismus und der Begeisterung für die antike Polis als konservativ und bei Konservativen wegen ihrer Vorliebe für Rätebewegungen als links. Gegenüber engstirnigen Nationalisten betonte sie Nietzsches Charakterisierung der europäischen Juden als «gute Europäer», gegenüber Zionisten dagegen ihre eigene Bindung an die Tradition der deutschen Philosophie, während sie unterdessen für die Rechte des jüdischen Volkes kämpfte.

Ihre Schriften führten zu teils erregten öffentlichen Diskussionen, und Politik war für sie der höchste Ausdruck menschlicher Freiheit; doch gleichzeitig scheute sie die Öffentlichkeit und lehnte jede eigene politische Organisierung ab. Sie betrachtete sich als politische Schriftstellerin und bezeichnete die Frage nach der beabsichtigten Wirkung ihrer Schriften als *eine männliche Frage*[2]; doch ihre Totalitarismus-Studie gab der politischen Theorie im 20. Jahrhundert wesentliche Anstöße, die «Vita activa» bemühte sich um die Wiederherstellung des Politischen, und die Schriften in der Folge des Eichmann-Prozesses überprüften die politische und moralische Tauglichkeit der bisherigen Aussagen der Philosophie über das unabhängige politische Urteilsvermögen.

All dieses scheinbar Widersprüchliche ist aus Arendts Erlebnis der Wirren dieses Jahrhunderts entstanden – als Jüdin, Flüchtling und Philosophin. Dieses Widersprüchliche ist Ausdruck des Nach-Denkens über die Ereignisse, des Verstehenwollens des schier Unfaßbaren. Dabei verfügte Arendt über die *große Tugend, sich selbst nicht zu bemitleiden und sich nie zu beklagen*[3], wie sie über Brecht schrieb, sondern trotz allem die Welt zu lieben. Das gelang ihr nur, weil sie den Wert der Freundschaft als Stütze ihrer eigenen Existenz über alles andere stellte, und, wie Jonas bemerkte, einen regelrechten «Eros der Freundschaft» entwickelte. Darin sowie in der spürbaren Menschlichkeit ihres Denkens und der Ablehnung jedes Imponiergehabes unterschied sie sich von der Mehrzahl ihrer männlichen Kollegen. Sie lebte ihr Denken und machte die menschliche Freiheit und die Liebe zur Welt zu seinem Inhalt.

Das Leben

Kindheit und Jugend

Am 14. Oktober 1906 wurde Johanna Arendt als einziges Kind von Paul Arendt und Martha Cohn in Linden bei Hannover geboren. Die Eltern stammten aus Königsberg, waren seit ihrer Jugend in der sozialdemokratischen Bewegung aktiv und von den damaligen Ideen der Jugendbewegung und fortschrittlichen Erziehung geprägt. Sie hatten einige Jahre in Berlin gelebt, bevor der Vater als Ingenieur eine Anstellung bei einer Elektrizitätsgesellschaft in Hannover fand.

Zwei Jahre später mußte er jedoch wegen einer beginnenden Syphilis seine Arbeit aufgeben; die Familie zog nach Königsberg zurück. Hier verbrachte Hannah Arendt ihre Jugend bis zum Studium.

Die Großeltern und Vorfahren entstammten jüdischen Familien, die das Klima der Königsberger Aufklärung seit der Zeit Mendelssohns genossen. Martha Cohns Vater Jacob war 1838 im russischen Litauen geboren und 1852 gerade noch rechtzeitig mit seinen Eltern nach Königsberg ausgewandert, um der zaristischen Klassifizierung der Juden in «nützliche» und «nutzlose» zu entgehen und nicht als «nutzlose» in den Krim-Krieg geschickt zu werden.

Jacob Cohns Vater eröffnete als Kaufmann ein kleines Teeimport-Unternehmen, das bald eines der bedeutendsten Teehandelszentren des Kontinents und unter der Leitung Jacobs mit dem Namen «J.N. Cohn & Co.» das größte Unternehmen Königsbergs wurde.

Als Jacob 1906 starb, hinterließ er drei Kinder aus erster Ehe und vier aus der zweiten mit Fanny Eva Spiro, einer russischen Emigrantin mit hartem sprachlichem Akzent und bäuerlicher Kleidung. 1874 gebar sie Hannahs Mutter Martha. Bis zum Ersten Weltkrieg lebten die sieben Kinder und zwölf Enkelkinder in wirtschaftlichem Wohlstand.

Wie die Familie Cohn gehörte auch die Familie Arendt dem Reformjudentum an. Hannahs Urgroßeltern waren, von der Aufklärung angezogen, aus Rußland nach Königsberg gekommen, und Großvater Max, den Hannah sehr verehrte, war Mitglied des «Centralvereins deutscher Staatsbürger jüdischen Glaubens», Präsident der liberalen jüdischen Ge-

Der Vater Paul Arendt

*Die Mutter Martha,
geb. Cohn*

meinde und Stadtverordneter Königsbergs. Er verteidigte wie auch die anderen Familienmitglieder die Ziele der Aufklärung auch noch nach ihrem Scheitern sowohl gegenüber den orthodoxen Juden als auch gegenüber den Zionisten, deren späterer Vorsitzender und Freund Hannah Arendts, Kurt Blumenfeld, häufig bei den Arendts zu Gast war.

Mit diesem Großvater war Hannah besonders in der Zeit, als ihr Vater bettlägerig wurde, oft zusammen. Seine Fähigkeit des Geschichtenerzählens hinterließ bei ihr einen bleibenden Eindruck, und sie entwickelte nicht nur sehr früh einen unerschöpflichen Wissensdurst, sondern auch eine immense Leidenschaft für Geschichten, die sie selber gern und fesselnd erzählte.

Eine Zeitlang kam mehrmals wöchentlich der Reformrabbiner Hermann Vogelstein (1870–1942) zu den Arendts, um der Tochter Religionsunterricht zu geben. Er war wie die Eltern Sozialdemokrat und Sohn des für seine Predigten und tiefe Religiosität berühmten Rabbis von Stettin, der sich mit seiner Frau aufopfernd für die ostjüdischen Flüchtlinge eingesetzt hatte. Mit seiner wesentlich jüngeren Schwester Julie, der Frau des Sozialpolitikers Heinrich Braun, blieb Hannah Arendt ihr Leben lang befreundet.

Hannover-Linden, Marktplatz

Mit dem Großvater Max Arendt

Hermann Vogelstein und die gelegentlichen Besuche mit den Großeltern in der Synagoge waren Hannahs einzige Begegnungen mit dem religiösen Judentum. Ihre Eltern waren zwar nicht religiös, aber ihre Mutter *war selbstverständlich Jüdin. Sie würde mich nie getauft haben! Ich nehme an, sie würde mich rechts und links geohrfeigt haben, wäre sie je dahintergekommen, daß ich etwa verleugnet hätte, Jüdin zu sein. Kam nicht auf die Platte, sozusagen. . . Aber das Wort Jude ist bei uns nie gefallen, als ich ein kleines Kind war. Es wurde mir zum ersten Mal entgegengebracht durch antisemitische Bemerkungen von Kindern auf der Straße. Daraufhin wurde ich also sozusagen «aufgeklärt»... Ich wußte zum Beispiel als Kind – als etwas älteres Kind jetzt –, daß ich jüdisch aussehe. Das heißt, daß ich anders aussehe als die anderen. Das war mir sehr bewußt. Aber nicht in der Form einer Minderwertigkeit; sondern das war eben so.* [4] Deshalb hat sie sich später auch immer nur als Deutsche im Sinne der Staatszugehörigkeit und nicht der Zugehörigkeit zum deutschen Volk verstanden.

Zugleich wurde damit Hannahs Selbstbewußtsein durch ihre Mutter gestärkt, der sie *vor allem eine Erziehung ohne alle Vorurteile und mit allen Möglichkeiten verdankte* [5] und die *immer auf dem Standpunkt stand: Man darf sich nicht ducken! Man muß sich wehren!* Bei antisemitischen Äußerungen des Lehrers *war ich angewiesen, sofort aufzustehen, die Klasse zu verlassen, nach Hause zu kommen, alles genau zu Protokoll zu geben. Dann schrieb meine Mutter einen ihrer vielen eingeschriebenen Briefe; und die Sache war für mich natürlich völlig erledigt... Wenn es aber von Kindern kam, habe ich es zu Hause nicht erzählen dürfen. Das galt nicht. Was von Kindern kommt, dagegen wehrt man sich selber... Es gab Verhaltensmaßregeln, in denen ich sozusagen meine Würde behielt und geschützt war, absolut geschützt, zu Hause.* [6] Es war für sie das *einfache Erlebnis einer Kindheit, in der wechselseitige Achtung und uneinge- schränktes Vertrauen, eine allumfassende Menschlichkeit und eine echte, fast naive Verachtung für alle sozialen und nationalen Unterschiede als Selbstverständlichkeit betrachtet wurde* [7].

Das Elternhaus lag in dem wohlhabenden Hufen-Viertel, Tiergar- tenstr. 6, das durch den Pregel von den ärmlichen Wohnvierteln der ostjü- dischen Immigranten getrennt war. Für Max Fürst, der dort aufwuchs, war Hannah Arendt in seinen Erinnerungen «schön und klug, ein Kind aus einer ganz anderen Welt» [8]. Die Freunde der Eltern waren Ärzte, Rechtsanwälte, Lehrer und Musiker. Die Mutter, die drei Jahre lang in Paris Französisch und Musik studiert hatte, legte großen Wert auf die musikalische und sprachliche Ausbildung der Tochter und las mit ihr Proust im Original. Der Vater besaß eine kleine Bibliothek, die Hannah mit zunehmendem Alter immer intensiver nutzte.

Die Krankheit des Vaters und sein früher Tod 1913 im Alter von 40 Jahren, kurz nachdem auch der Großvater gestorben war, ließen Hannah verschlossener werden. Ihre Mutter notierte in ihrem Tagebuch («Unser Kind») erstaunt die schweigende Hinnahme des Todes ohne sichtbare Trauer. Als im Jahr darauf das Deutsche Reich den Ersten Weltkrieg ent- fesselte, war Hannah für ihre Mutter «undurchsichtig» geworden. Die vorübergehende Flucht nach Berlin, der Tod des Onkels Rafael, mit dem sie soeben noch den Urlaub an der Ostsee verbrachte, und häufige Krank- heiten vergrößerten ihre Angst vor der Trennung von der Mutter und jeder Reise.

Sie war viel mit ihrer Mutter, der Großmutter und den alleinstehenden

Mit der Mutter

Frauen der weitläufigen Familie Cohn zusammen, die sich gegenseitig in der Wirtschaftskrise der Nachkriegsjahre halfen. In den Revolutionsjahren 1918 und 1919 wurde ihr Haus zum Treffpunkt gemäßigter sozialdemokratischer Kreise der Bernstein-Richtung. Auch wenn ihre Mutter die linke Abspaltung der Spartakisten um Rosa Luxemburg und Karl Liebknecht ablehnte, so bewunderte sie doch Rosa Luxemburg und hielt den Generalstreik von 1919 für einen «historischen Augenblick».

Hannah blieb aber von den politischen Ereignissen unberührt. Sie entwickelte statt dessen ein besonderes Interesse für Philosophie und las mit vierzehn Jahren zum erstenmal Kants «Kritik der reinen Vernunft» und

Die Tiergartenstraße in Königsberg

Ausfahrt zum Picknick

Mit den Stiefschwestern Eva und Clara Beerwald, 1921/22

«Die Religion innerhalb der Grenzen der bloßen Vernunft», die soeben erschienene «Psychologie der Weltanschauungen» von Jaspers, Kierkegaard und griechische Dichtung. Mit Schulfreunden richtete sie einen Griechisch-Zirkel ein, wie er sonst nur an den Universitäten üblich war, und lernte auf Grund ihrer großen Vorliebe für Lyrik eine Fülle von Gedichten auswendig, die sie gelegentlich vortrug.

Ihr enormes Gedächtnis und ihre rasche geistige Entwicklung kamen ihr aber erst später zu Bewußtsein. *Das lag zum Teil an der häuslichen Erziehung. Es wurde nie darüber gesprochen. Es wurde nie über Zensuren gesprochen. Das galt als minderwertig. Jeder Ehrgeiz galt als minderwertig.* Ihre Fähigkeiten wurden ihr allenfalls *als eine Art von Fremdheit unter den Menschen* [9], als Ausdruck ihrer besonderen Sensibilität bewußt.

Zu ihrem Stiefvater Martin Beerwald, den Hannahs Mutter 1920 heiratete, einem wilhelminisch anmutenden, wohlhabenden Eisenwarenhändler und Sohn eines aus Rußland stammenden Geldverleihers, unterhielt sie nur eine lose Beziehung. Ebenso zu seinen beiden Töchtern Clara, die 1930 Selbstmord beging, und Eva, die nach den Novemberpogromen der Nazis 1938 nach England floh.

Kurz vor dem Abitur mußte Hannah wegen Differenzen zu einem Lehrer die Schule verlassen. Sie lebte eine Zeitlang in Berlin und besuchte die Vorlesungen Romano Guardinis, dessen Buch «Vom Geist der Liturgie» (1918) einen großen Einfluß auf die Jugendbewegung ausübte. Dort be-

17

Aus der Handschrift «Die Schatten», 1925

gegnete sie Diskussionen über theologische und existentielle Grundfra-
gen der Angehörigen ihrer eigenen «verlorenen Generation», die *durch
Revolution, Inflation und Arbeitslosigkeit in die Welt eingeführt und so*

über die Brüchigkeit alles dessen belehrt wurden, was nach mehr als vier Jahren des Mordens in Europa noch intakt geblieben war[10]. Sie fühlte sich wie in Brechts Selbstporträt «Der Herr der Fische» *allen unbekannt und allen nah,* war von *Reserviertheit, Unbrauchbarkeit im täglichen Leben, Verschwiegenheit* und *nahezu verzweifelter Neugier dessen, der keine eigenen «Angelegenheiten» hat und daher dankbar sein muß für jedes Stück Wirklichkeit, das ihm zugespielt wird*[11], geprägt.

In dem Heidegger gewidmeten expressiven und autobiographischen Text *Die Schatten* beschrieb sie 1925 ihre damalige Stimmung: *In der Verwunschenheit, im Unmenschlichen, im Absurden gab es für sie keine Grenze und kein Halt. Eine Radikalität, die stets an das Äußerste ging, verwehrte es ihr, sich zu schützen, Waffen zu haben, schenkte ihr nie den bittersten Tropfen des bis zur Neige geleerten Kelches... Dabei wuchs ihre Sensibilität und Verletzbarkeit, die ihr stets schon etwas Exklusives gegeben hatte, ins nahezu Groteske.*[12]

Nach ihrer Rückkehr nach Königsberg legte sie 1924 als externe Schülerin das Abitur ab und beschloß, in Marburg bei Heidegger Philosophie, bei Bultmann Theologie und außerdem Griechisch zu studieren.

Studium

Martin Heidegger, gerade erst 35 Jahre alt, war 1922 nach Marburg berufen worden. Er hatte nichts über seine Habilitation Hinausgehendes veröffentlicht und war nur in eingeweihten Kreisen bekannt. *Da war kaum mehr als ein Name, aber der Name reiste durch ganz Deutschland wie das Gerücht vom heimlichen König. Dies war etwas völlig anderes als die um einen «Meister» zentrierten und von ihm dirigierten «Kreise» (wie etwa der George-Kreis)...*

Es gab damals, nach dem Ersten Weltkrieg, an den deutschen Universitäten zwar keine Rebellion, aber ein weitverbreitetes Unbehagen an dem akademischen Lehr- und Lernbetrieb in all den Fakultäten, die mehr waren als bloße Berufsschulen, und bei all den Studenten, für die das Studium mehr bedeutete als die Vorbereitung auf den Beruf.[13] Philosophie wurde entweder in Anlehnung an Schulen wie der Neu-Kantianer, Neu-Hegelianer oder Neu-Platoniker oder in Form der alten Schuldisziplin nach Fächern aufgeteilt *nicht so sehr vermittelt als durch bodenlose Langeweile erledigt*[14].

Diejenigen, die dagegen rebellierten, konnten sich wie Scheler, Heidegger und Jaspers auf Husserl und seinen Ruf «Zu den Sachen selbst» stützen. *Was die Wenigen miteinander gemein hatten, war – um es in Hei-*

deggers Worten zu sagen – daß sie «zwischen einem gelehrten Gegenstand und einer gedachten Sache» unterscheiden konnten («Aus der Erfahrung des Denkens», 1947) und daß ihnen der gelehrte Gegenstand ziemlich gleichgültig war. Das Gerücht erreichte damals diejenigen, welche mehr oder minder ausdrücklich um den Traditionsbruch und die «finsteren Zeiten», die angebrochen waren, wußten, und es *sagte ganz einfach: Das Denken ist wieder lebendig geworden.*[15] Die Studenten erlebten, wie *Denken als reine Tätigkeit, und das heißt weder vom Wissensdurst noch vom Erkenntnisdrang getrieben, zu einer Leidenschaft werden kann, die alle anderen Fähigkeiten und Gaben nicht so sehr beherrscht als ordnet und durchherrscht*[16].

Dieses leidenschaftliche Denken kehrte ständig in Arendts Schriften wieder; es *mag sich Aufgaben stellen, es mag mit «Problemen» befaßt sein... aber man kann nicht sagen, daß es ein Ziel hat*[17]. Es bleibt immer unvollendet; *alles Denken und die Art, wie ich mich ihm vielleicht etwas übermäßig und extravagant hingegeben habe, trägt den Stempel des Versuchs*[18].

Martin Heidegger trug kaum eigene Thesen vor, sondern konzentrierte sich völlig, Zeile für Zeile, auf das Lesen klassischer Texte – Platons «Sophistes» und Aristoteles, als Arendt nach Marburg kam. «Aristoteles wurde einem derart auf den Leib gerückt», erinnerte sich Gadamer, «daß man zeitweise jeden Abstand verlor und nicht einmal realisierte, daß Heidegger sich nicht selbst mit Aristoteles identifizierte, sondern am Ende auf einen eigenen Gegenentwurf zielte.»[19] Er arbeitete damals, von der Frage nach dem Sinn von Sein geleitet, an der Grundlegung einer Fundamentalontologie und trug damit zum endgültigen Einsturz der Metaphysik bei. Es ist *ihm und nur ihm zu danken, daß dieser Einsturz in einer dem Vorangegangenen würdigen Weise vonstatten ging; daß die Metaphysik zu Ende ge d a c h t worden ist und nicht nur von dem, was nach ihr folgte, gleichsam überrannt wurde*[20].

Der Einfluß Heideggers auf Arendts philosophische Positionen war groß. Er äußerte sich vor allem in ihrer Hinwendung zur griechischen Antike, der betonten Nähe zwischen Dichtung, Sprache und Philosophie, der Unterscheidung zwischen Denken und wissenschaftlicher Erkenntnis, der existentiellen Auffassung von Zeit und Raum, dem «Verstehen» als Grundbestimmung der Seinsverfassung des Daseins, dem Verständnis von Wahrheit als aristotelisches «Entbergen» (aletheia) und der Ablehnung des Geschichtsdeterminismus und der Einflüsse Platons in der Philosophie.

Aus den intensiven Diskussionen zwischen Arendt und Heidegger gingen nicht nur wichtige Anstöße für seine Arbeit an «Sein und Zeit» hervor, sondern entwickelte sich auch eine vorübergehende, tiefe Liebesbeziehung zwischen beiden. Nach dem Zweiten Weltkrieg äußerte Heidegger, daß sie «nun einmal die Passion seines Lebens gewesen» sei.[21]

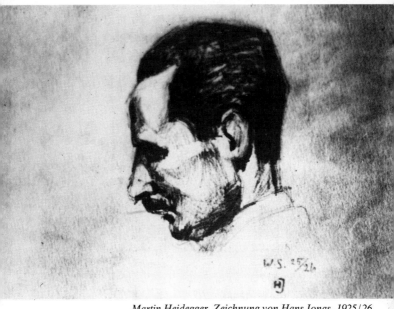

Martin Heidegger. Zeichnung von Hans Jonas, 1925/26

Hannah Arendt übte eine außerordentliche Wirkung auf ihre Umgebung aus. «Das auffallendste an ihr war die suggestive Kraft, die von ihren Augen ausging», schwärmte ihr Studienfreund, der spätere Germanist Benno von Wiese noch in seinen Lebenserinnerungen. «Man tauchte in ihnen geradezu unter und mußte fürchten, nicht mehr nach oben zu kommen.»[22] Daß eine der damals wenigen Studentinnen ohne besonderen Ehrgeiz klassische Texte im Original las und zugleich über ausgeprägte charakterliche Stärke, Mitmenschlichkeit und Attraktivität verfügte, mutete in der traditionellen Männergesellschaft exotisch an. Das mag einer der Gründe dafür gewesen sein, daß Arendt *«die Frauenfrage» nie sehr interessiert*[23] hat und sie sich auf ihre intellektuellen Waffen verließ. Sie war *ganz bewußt Frau*[24], schrieb sie über Rosa Luxemburg und beschrieb sich damit zugleich selbst. Aber sie hatte ein feines Gespür für gespreiztes Gehabe der Männer in ihrer Umgebung und konnte sich darüber herzlich amüsieren.

Martin Heidegger wollte wegen Hannah Arendt nicht seine Familie aufgeben, und so setzte sie 1925 ihr Studium bei Husserl in Freiburg fort, um 1926 auf Empfehlung Heideggers zur Promotion zu Jaspers nach Heidelberg zu gehen. Dort war das Leben geselliger als in Marburg. Zum engen Freundeskreis gehörten nun der Schriftsteller Erwin Loewenson,

21

*Mit Hugo Friedrich und
Benno von Wiese, 1928*

Benno von Wiese, mit dem Arendt eine vorübergehende enge Freundschaft verband, und Hans Jonas, der eines Tages Kurt Blumenfeld zu
einer zionistischen Veranstaltung einlud. Blumenfeld, der von sich zu sagen pflegte: «Ich bin ein Zionist von Goethes Gnaden. Oder: Der Zionismus ist das Geschenk Deutschlands an die Juden»[25], eröffnete Arendt in
langen Diskussionen die Welt des Judentums.

Aber noch stand die Philosophie im Vordergrund. Jaspers, der soeben
die Arbeit an seinem dreibändigen Grundriß der Philosophie (1931) begonnen hatte, spielte in Heidelberg dieselbe Rolle des philosophischen
Erneuerers wie Heidegger in Marburg. Aber im Unterschied zu diesem
hatte er *eine Rückhaltlosigkeit, ein Vertrauen, eine Unbedingtheit des Spre-
chens, die ich bei keinem anderen Menschen kenne. Dieses hatte mich
schon beeindruckt, als ich ganz jung war.*[26] Sie las bei ihm zum erstenmal
über die Freiheit bei Kant und Schelling und begegnete bei Jaspers einem
*Begriff von Freiheit gekoppelt mit Vernunft, der mir, als ich nach Heidel-
berg kam, ganz fremd war. Ich wußte nichts davon, obwohl ich Kant gele-*

sen hatte... Wenn es irgendeinem Menschen gelungen ist, mich zur Vernunft zu bringen, dann ist es ihm gelungen.[27]

Er löste sie aus ihrer tiefen, inneren romantischen Stimmung der Marburger Zeit. Wie bei Heidegger wurde sie mit der Sinnfrage und der Auffassung konfrontiert, daß philosophisches Denken nicht zu vorzeigbaren Ergebnissen, sondern den Denkenden zu sich selber führe und erst damit auch der Wissenschaft Sinn gebe. Aber im Gegensatz zu ihm begegnete ihr bei Jaspers die Bedeutung der philosophierenden Kommunikation, deren Ziel kein besonderes Ergebnis, sondern die Existenzerhellung ist. Dabei ist *die Existenz keine Form des Seins, sondern eine Form der menschlichen Freiheit,* und zwar die Form, in welcher *der Mensch als Möglichkeit seiner Spontaneität sich gegen sein bloßes Resultatsein wendet... Die Mitmenschen sind nicht (wie bei Heidegger) ein zwar strukturell notwendiges, aber das Selbstsein notwendig störendes Element der Exi-*

Kurt Blumenfeld

1928

stenz; sondern umgekehrt nur in dem Zusammen der Menschen in der gemeinsam gegebenen Welt kann sich Existenz überhaupt entwickeln.[28] Jaspers zeichnete im Unterschied zu Heideggers *«Selbstischkeit»* die Wege vor, auf denen das moderne Philosophieren *sich bewegen muß, wenn es sich nicht in die Sackgassen eines positivistischen oder nihilistischen Fanatismus verrennen will*[29]. Die *gewollte Unbefangenheit des Urteils und bewußte Distanz von allen Fanatismen, wie verlockend diese auch sein mochten und wie erschreckend auch Vereinsamung in jedem Sinn als Folge drohte*[30], festigten ihren Unabhängigkeitswillen.

So verließ Arendt schrittweise ihre *Menschen- und Weltferne,* um sich mit der Versicherung des existentiellen «In-der-Welt-Seins» *in der Welt* ihrer *Mitmenschen auch nur einigermaßen einzurichten und zu orientieren*[31]. Ihre Dissertation 1928 über den *Liebesbegriff bei Augustinus* zeigte zwar noch den stark denkerischen und sprachlichen Einfluß Heideggers und wurde von Jaspers in ihrer Methode als *sachliches Verstehen, zugleich gewaltsam*[32], kritisch bewertet. Doch hob Arendt bereits die Bedeutung der menschlichen Gebürtigkeit bei Augustinus hervor, die sie später als Freiheit des Anfangenkönnens zur existentiellen Bedingung des Menschen und seiner politischen Möglichkeiten ausweitete.

Zunächst aber erschwerten die Zeitumstände schlagartig Arendts Versuch, sich ganz unpolitisch und ausschließlich philosophisch denkend in der Welt einzurichten. Sie hätte sich wohl kaum mit anderen Fragen befaßt, *wenn nicht die Zeitläufe ihren Sinn für Gerechtigkeit und Freiheit verletzt hätten*[33], wie sie über Rosa Lusemburg schrieb, und wenn sie nicht vor die Frage gestellt worden wäre, wie sie als Jüdin auf den modernen Antisemitismus zu reagieren habe.

Erste Jahre der Emigration

Nach dem Studium dachte Arendt nicht an eine Habilitation. «Ihr Instinkt wehrte sich gegen die Universität; sie wollte frei sein.»[34] So ging sie 1929 mit Günther Stern (bekannt als Publizist unter dem Pseudonym Anders), den sie in Marburg kennengelernt und der bei Husserl promoviert hatte, nach Berlin, wo sie wenig später heirateten. Dort begann Arendt eine Arbeit über Rahel Varnhagen und die deutsche Romantik und erhielt dafür dank der Unterstützung von Jaspers, Heidegger und Dibelius ein Stipendium von der Notgemeinschaft der Deutschen Wissenschaft. Stern bemühte sich um eine Habilitation auf dem Gebiet der seit Nietzsche vernachlässigten Musikphilosophie bei dem Theologen Paul Tillich, der damals einen Lehrstuhl für Philosophie an der angesehenen Universität Frankfurt innehatte. Dessen damaliger Assistent Adorno, der selber gerade eine marxistische Studie «zur gesellschaftlichen Lage der Musik» verfaßte, trug jedoch wesentlich zum Scheitern dieses Versuchs bei. *Der kommt uns nicht ins Haus*[35], empörte sich Arendt und lehnte seitdem jeden Kontakt mit ihm ab. Erst während des Krieges, als Tillich von jüdischer Seite wegen seiner Äußerungen gegen einen ehemals extrem deutschnationalistischen jüdischen Schriftsteller heftig kritisiert wurde und Arendt ihn in der New Yorker deutsch-jüdischen Emigrantenzeitung «Aufbau» verteidigte, räumte er ihr gegenüber ein, daß sie «nichts mit meinem Frankfurter Irrbild zu tun hat»[36].

Günther Stern fand durch die Vermittlung Bertolt Brechts eine Anstellung als Kulturredakteur beim «Börsen-Courier», wo er sein Pseud-

Mit Günther Stern (Anders)

onym annahm. Arendt arbeitete unterdessen an ihrem Buch über Rahel
Varnhagen, für die sie sich schon in Freiburg auf Anregung ihrer Königsberger Freundin und der späteren Frau des französischen Philosophen
Eric Weil, Anne Mendelssohn, begeistert hatte. Ihr besonderes Interesse
galt zunächst dem schicksalhaften Weg dieser Jüdin in der deutschen Romantik bei dem Versuch, von ihrer Umgebung, wie jeder andere Mensch
auch, anerkannt zu werden. Aber je länger sich Arendt damit befaßte,

um so mehr trat das Problem der jüdischen Assimilation in den Vordergrund. Nach dem Krieg und ihrem Engagement in der jüdischen Politik erschien dann Arendt ihre Schrift zwar *vor allem im Ton, in der Art der Reflexion* als fremd; *nicht aber in der jüdischen Erfahrung, die ich mir mit viel Mühe und Not anerzogen habe*[37], und die schon von dem Bewußtsein des Untergangs des Judentums geprägt war.

Hannah Arendt war unter anderem von der Tatsache gefesselt, *daß auf dem Boden des Judeseins eine bestimmte Möglichkeit der Existenz erwachsen kann, die ich in aller Vorläufigkeit andeutungsweise mit Schicksalhaftigkeit bezeichnete. Diese Schicksalhaftigkeit erwächst gerade auf dem*

Um 1930

Grund einer Bodenlosigkeit und vollzieht sich gerade nur in der Abgelöst-heit vom Judentum; sie gewann den Eindruck, *als seien bestimmte Perso-nen in ihrem eigenen Leben (und nur in diesem, nicht etwa als Personen!) derart exponiert, daß sie gleichsam Knotenpunkte und konkrete Objektiva-tionen «des» Lebens werden... Was dieses alles eigentlich ist: Schicksal, Exponiertheit, es ist mit dem Leben etwas gemeint – kann ich nicht (und merke es im Schreiben) in abstracto sagen, sondern höchstens vielleicht exemplifizierend aufweisen. Gerade deshalb will ich auch eine Biographie schreiben.*[38]

Deshalb schied auch ein politisches Buch über Rahel oder gar eine psychologische Studie aus; vielmehr interessierte sie, *lediglich Rahels Le-bensgeschichte so nachzuerzählen, wie sie selbst sie hätte erzählen können.* Denn das Besondere war, daß es Rahel darauf *ankam, sich dem Leben so zu exponieren, daß es sie treffen konnte «wie Wetter ohne Schirm» («Was machen Sie? Nichts. Ich lasse das Leben auf mich regnen.») und weder Eigenschaften noch Meinungen – über die ihr begegnenden Menschen, über die Umstände und Zustände der Welt, über das Leben selbst – dazu zu benutzen, sich selbst einigermaßen zu schützen... Was ihr zu tun verblieb, war ein «Sprachrohr» des Geschehenen zu werden, das Geschehene in ein*

Der Breitenbachplatz in Berlin

Berlin. Breitenbach-Platz mit Eingang
zur Untergrundbahn.

Gesagtes umzuwandeln.[39] Deshalb meinte Arendt scherzhaft, daß der Untertitel des Buches besser *Die Melodie eines beleidigten Herzens, nachgepfiffen von Hannah Arendt*[40] gelautet hätte.

Hannah Arendt hatte damit aber ein grundsätzlich jüdisches Problem angesprochen: Der verzweifelte Versuch, sich an die Umwelt zu assimilieren, war *maßgebend geworden für Verhalten und Seelenverfassung eines Teils des gebildeten deutschen Judentums*[41]. Daraus die Schlußfolgerung zu ziehen, schob aber Arendt immer wieder hinaus. Erst auf das Drängen Walter Benjamins und Heinrich Blüchers, ihres zweiten Mannes, im Pariser Exil 1938 schrieb sie den Schluß mit einer eindeutigen Absage an jede Form der Assimilation zugunsten des Paria-Daseins, sowohl als Jüdin als auch als Individuum in der modernen Gesellschaft.

Nach der Ernennung Hitlers zum Reichskanzler und der einsetzenden Verfolgung aller Oppositioneller wurde ihre Wohnung am Rand der Künstlerkolonie am Breitenbachplatz zur Durchgangsstelle für Flüchtlinge und Verfolgte. Stern ging bald nach Paris, während Arendt dem Regime Widerstand entgegensetzen wollte. Sie unterstützte auf die Bitte Blumenfelds hin die deutsche zionistische Organisation bei der Sammlung antisemitischer Hetzartikel in deutschen Zeitschriften jeglicher Art für den 18. zionistischen Weltkongreß, der im Sommer 1933 in Prag stattfand. Als Nichtmitglied hoffte sie, unbehelligt in der Preußischen Staatsbibliothek die Unterlagen zusammentragen zu können. Doch schon im Juli wurde sie in Berlin zusammen mit ihrer Mutter, die aus Königsberg zu Besuch gekommen war, auf der Straße verhaftet, glücklicherweise aber nach einer Woche ergebnisloser Verhöre wieder freigelassen.

Als sie merkte, in welch rasantem Tempo sich sogar enge Freunde wie Benno von Wiese in einer *Welle der Gleichschaltung, die ja ziemlich freiwillig war, jedenfalls nicht unter dem Druck des Terrors vorging*[42], unterwarfen, verließ sie im August 1933 Berlin und gelangte mit Hilfe einer tschechischen Fluchthilfeorganisation über Prag, Genua und Genf nach Paris. *Das persönliche Problem war doch nicht etwa, was unsere Feinde taten, sondern was unsere Freunde taten... Das war, als ob sich ein leerer Raum um einen bildete... Ich ging aus Deutschland, beherrscht von der Vorstellung – natürlich immer etwas übertreibend –: Nie wieder! Ich rühre nie wieder irgendeine intellektuelle Geschichte an... Ich war der Meinung, das hängt mit diesem Beruf, mit der Intellektualität zusammen... Zu Hitler fiel ihnen was ein; und zum Teil ungeheuer interessante Dinge! Ganz phantastische und interessante und komplizierte! Und hoch über dem gewöhnlichen Niveau schwebende Dinge! Das habe ich als grotesk empfunden. Sie gingen ihren eigenen Einfällen in die Falle, würde ich heute sagen.*[43]

Das war der Beginn für Arendts Politisierung, die sie drastisch beschrieb: *Schließlich schlug mir einer mit einem Hammer auf den Kopf und ich fiel mir auf.*[44] Sie trat der zionistischen Bewegung bei, denn nun war *die Zugehörigkeit zum Judentum mein eigenes Problem geworden. Und*

In Paris

mein eigenes Problem war politisch. Rein politisch! Ich wollte in die prakti-
sche Arbeit und – ich wollte ausschließlich und nur in die jüdische Arbeit.[45]
Anfangs arbeitete sie bei «Agriculture et Artisanate», einer Organisation, die junge jüdische Flüchtlinge für praktische Berufe in Palästina
ausbildete, ab 1935 als Generalsekretärin der französischen Abteilung
der «Jugend-Alija», die von Recha Freier konzipiert und in Jerusalem
später von Henrietta Szold geleitet wurde, um die Auswanderung Jugendlicher im Alter zwischen dreizehn und siebzehn Jahren nach Palästina zu ermöglichen. *Ich habe damals einen sehr großen Respekt davor*
gehabt. Die Kinder empfingen eine Berufsausbildung, Umschulausbil-
dung. Hier und da habe ich auch polnische Kinder untergeschmuggelt. Es
war eine reguläre Sozialarbeit, Erziehungsarbeit... Man mußte sie von
Kopf bis Fuß anziehen. Man mußte für sie kochen. Man mußte vor allen

Dingen für sie Papiere beschaffen, man mußte mit den Eltern verhandeln – und man mußte vor allen Dingen auch Geld besorgen.[46]

Als sie 1935 begeistert von einem Transport Jugendlicher zurückkehrte, wies sie aber schon auf die möglichen Gefahren der zukünftigen Entwicklung hin: *Ich erinnere mich noch sehr gut an meine erste Reaktion auf die Kibuzzim. Ich dachte: eine neue Aristokratie. Ich wußte schon damals... daß man dort nicht leben konnte. «Beherrschung durch Deinen Nachbarn», darauf läuft es natürlich letztlich hinaus.* Dennoch blieb auch noch 1967 für sie *Israel, wenn man ernsthaft an Gleichheit glaubt, sehr beeindruckend*[47].

Hannah Arendt schloß sich nicht zuletzt wegen ihrer negativen Erfahrungen mit dem hilflosen assimilierten Judentum dem Zionismus an. In Paris, das sie wie Benjamin als Heimatstatt für Fremde zu lieben lernte, weil man sie *bewohnen kann wie sonst nur die eigenen vier Wände*[48], begegnete sie den assimilierten Juden in Gestalt des Konsistoriums, der religiösen Vereinigung der Juden unter dem Vorsitz Rothschilds. Er wurde für sie zum Inbegriff des Parvenutums.

Um so mehr fühlte sich Arendt einem Flüchtlingskreis zugehörig, zu dem der Rechtsanwalt Erich Cohn-Bendit (Vater Daniel Cohn-Bendits), der Psychoanalytiker Fritz Fränkel, der Maler Karl Heidenreich und vor allem Walter Benjamin gehörten, den sie als einen ihrer besten Freunde und zugleich tragischen Seher der geistigen Situation ihrer Zeit verehrte. Die Begegnungen mit Raymond Aron, Sartre und Brecht blieben flüchtig, und von dem französischen Existentialismus hielt sich Arendt wegen seiner fatalistischen Einstellung zur Freiheit und seinem unterschwelligen Nihilismus fern. Sie interessierte sich mehr für den Husserl-Schüler Koyré, den Existentialisten Jean Wahl und den Hegelianer Kojève.

Bei den Treffen in Benjamins Wohnung lernte sie auch Heinrich Blücher kennen, *masculini sui generis,* wie sie Männer zu bezeichnen pflegte, die ihr gefielen. Nach ihrer Scheidung von Stern 1937 heiratete sie ihn 1940 und lebte sehr glücklich mit ihm bis zu seinem Tod 1970 zusammen. Durch die Auseinandersetzungen mit ihm hat sie *politisch denken und historisch sehen gelernt*[49].

Heinrich Blücher war 1899 in Berlin geboren, hatte eine Lehrerausbildung abgebrochen, als Journalist gearbeitet und von 1924 bis 1933 mit dem Schriftsteller Robert Gilbert Texte für Kabarett, Operetten und Filme verfaßt. 1919 war er der KPD und 1928 der KPO, jener Abspaltung Brandlers beigetreten, die sich gegen den stalinistischen Bolschewisierungskurs und die Sozialfaschismustheorie wandte. 1934 floh er nach Frankreich.

Seine erstaunlichen philosophischen Kenntnisse als Autodidakt, seine politischen Erfahrungen und seine packende Art zu reden begeisterten alle, die ihm begegneten. Seit Hannah ihn kannte, begann sie, sich mit der marxistischen Gesellschafts- und Revolutionstheorie und der Imperialis-

Heinrich Blücher

mus-Studie Rosa Luxemburgs auseinanderzusetzen, auf die sie sich im zweiten Teil ihres Buchs über den Totalitarismus stützte. Die Stalinschen Schauprozesse, zu denen Arendt und Blücher «leidenschaftlich negativ Stellung»[50] bezogen, führten unter den Emigranten zu heftigen Kontroversen und trugen entscheidend zu Blüchers Abkehr von der kommunistischen Ideologie bei.

Kurz vor Kriegsbeginn wurde das Büro der «Jugend-Alija» nach London verlegt, und Arendt fand vorübergehend Arbeit bei der «Jewish Agency», der jüdischen Vertretung für Palästina. Bis zur Invasion der deutschen Armee bemühte sie sich darum, für Benjamin Arbeit zu finden, und erlebte dabei seine verzweifelte Hoffnung auf eine ausreichende finanzielle Unterstützung durch Horkheimer und Adorno aus New York.

Im Mai 1940 wurde Arendt mit anderen Frauen zusammen in das Internierungslager von Gurs nahe der Pyrenäen gebracht, das ursprünglich nach dem Sieg der Franco-Truppen für die Soldaten der spanischen republikanischen Armee gebaut worden war. *Wir wurden aus Deutschland vertrieben, weil wir Juden sind. Doch kaum hatten wir die Grenze zu Frankreich passiert, da wurden wir zu «boches» gemacht... Sieben Jahre lang spielten wir eine lächerliche Rolle bei dem Versuch, Franzosen zu werden, oder wenigstens wie Bürger... Wir waren die ersten «prisonniers volontaires», die die Geschichte je gesehen hat. Nach dem Einmarsch der Deutschen mußte die französische Regierung nur den Namen der Firma ändern; man hatte uns eingesperrt, weil wir Deutsche waren, jetzt ließ man uns nicht frei, weil wir Juden waren*[51], beschrieb Arendt in *Wir Flüchtlinge* (1943) drastisch das Schicksal der Verfolgten. Vor allem aber beklagte sie deren Flucht vor der Verantwortung als «Boten des Unheils», die ihre Botschaft von dem *großen Unheil, das die ganze Welt betroffen hatte*[52], ganz einfach vergaßen, anstatt sich als bewußte Parias zu verhalten und zur *Avantgarde ihrer Völker*[53] zu werden.

In den Waschbaracken des Internierungslagers von Gurs.
Zeichnung von Lou Albert-Lazard

**Der Oberfinanzpräsident
Ostpreußen
(Devisenstelle)**

O 1729 —   I 16060/9 uth.

Bei weiteren Eingaben in dieser Angelegenheit ist die Angabe obiger Geschäftsnummer **unbedingt** erforderlich.

Königsberg (Pr), den 3. Mai 1939

Diensträume: Französische Straße 12/13a
Fernsprechsammelnummer: 33833 und 33834
Briefanschrift: Königsberg (Pr) 2, Postschließfach 629/630
Sprechstunden: Werktags außer Mittwoch und Sonnabend von 8¾—12¼ Uhr

        Hiermit erteile ich Herrn Martin Israel Beerwald in Königsberg (Pr) die Genehmigung zum Erwerb eines Fahrscheinheftes II. Klasse für die Strecke von Königsberg (Pr) über Berlin - Saarbrücken nach Paris zum Preise von etwa RM 100,- gegen Reichsmarkzahlung zu Gunsten seiner Ehefrau Martha Sara Beerwald zum Zwecke ihrer Auswanderung.

        Die Genehmigung hat Gültigkeit bis zum 10.Mai 1939.

                          Im Auftrage

Herrn

Martin Israel Beerwald

in Königsberg (Pr)

-.-.-.-.-.-.-.-.-.-.-.-.-.

Busolt-Str. 6

1 Fahrscheinheft Nr. 489 29   ausgegeben

**Robert Mayhoefer
Königsberg (Pr)
-3. MAI 1939
Reisebüro**

Brief Walter Benjamins an Hannah Arendt, 8. Juli 1940

Im Lager gingen Gedichte wie Brechts «Legende von der Entstehung des Buches Taoteking auf dem Weg des Laotse in die Emigration» von Mund zu Mund – eines der *stillsten und tröstlichsten Gedichte unseres Jahrhunderts*[54]. Dank der Heirat mit Blücher und des vorübergehenden

Die Mutter, 1941

Chaos auf Grund der französischen Kapitulation wurde Arendt nach fünf Wochen wieder freigelassen. Wenig später war es kaum noch möglich, das Lager zu verlassen; die Insassen wurden 1943 in die deutschen Vernichtungslager deportiert.

Im Mai 1941 konnte Arendt mit Blücher und ihrer Mutter, die nach den Pogromen Königsberg verlassen hatte, auf Grund *einer einmaligen Geste*[55] der USA über Lissabon nach New York ausreisen. Ihr Stiefvater starb 1942 in Königsberg eines natürlichen Todes. In ihrem Gepäck hatte Arendt für Horkheimers Institut für Sozialforschung ein Exemplar von Benjamins Manuskript der «Zehn Thesen zur Geschichtsphilosophie», die nach langer Sympathie mit dem Marxismus eine Absage an den historischen Materialismus darstellten und Arendts eigene Geschichtsauffassung beeinflußten. Benjamin hatte sich vorher, am 26. September 1940, das Leben genommen, als Spanien Staatenlosen vorübergehend die Durchreise verweigerte. Schon in Marseille, in dem ungewissen Zustand eines wartenden Flüchtlings, hatte er mehrfach gegenüber Arendt Selbstmordabsichten geäußert. *Die Atmosphäre damals des sauve qui peut war grauenhaft und der Selbstmord war die einzig noble Geste – wenn einem noch etwas daran lag, nobel zugrunde zu gehn*[56], schrieb Arendt nach dem Krieg an Gertrud Jaspers.

Jüdische Politik in den USA

Nach ihrer Ankunft fanden Arendt, ihre Mutter und Blücher mit Hilfe der «Self-Help for Refugees» eine kleine Wohnung in Manhattan. Hannah Arendt lernte den aus Österreich stammenden Historiker Salo W. Baron kennen, veröffentlichte Aufsätze über das europäische Judentum in seiner Zeitschrift «Jewish Social Studies» und übernahm in der deutsch-jüdischen Emigrantenzeitung «Aufbau» eine regelmäßige Kolumne. Ihre Mutter fand in einer Schnurfabrik Arbeit, während Blücher erst nach längerer Zeit seine Abneigung überwinden konnte, Englisch zu lernen und sich in dieser politisch und gesellschaftlich so fremden Umwelt zurechtzufinden. Er arbeitete als Militärhistoriker für die Armee, verschiedene Universitäten und eine Rundfunkanstalt.

Um die meisten Flüchtlinge aus Deutschland machte Arendt einen Bogen, bezeichnete sie als «Ullstein-im-Exil-Leute» und hielt sie politisch für Opportunisten. Statt dessen setzte sie alles daran, dem verfolgten und international isolierten Judentum zu helfen. Weil sie während ihres ganzen Lebens eine tiefe Abneigung verspürte, sich einer größeren Organisation anzuschließen, zog sie auch in dieser Zeit ihres entschiedenen politischen Engagements die individuelle Tätigkeit vor. Nur dreimal organisierte sie sich: 1942, als sie zusammen mit Josef Maier vom «Aufbau» die «Jungjüdische Gruppe» gründete, die die Aufstellung einer eigenständigen Armee forcieren wollte, ohne sich dabei dem Zionismus anzuschließen, aber wegen mangelnden Erfolgs bald wieder einging; 1948, als sie sich anläßlich der innerjüdischen Diskussionen über die Staatsgründung Israels der kleinen «Ihud»-Gruppe von Judah Magnes anschloß, und schließlich in den sechziger Jahren, als sie Vorsitzende der Sektion der USA der «Spanischen Flüchtlingshilfe» wurde, die Notleidenden des Spanischen Bürgerkriegs und der Franco-Diktatur half sowie eine republikanische Wählerinitiative unterstützte.

In ihrer «Aufbau»-Kolumne setzte sich Arendt vehement gegen die anfängliche Neutralitätspolitik der USA und für eine unabhängige jüdische Armee ein. Die Zeit drängte, denn F. D. Roosevelt zögerte wegen der amerikanischen Erdölinteressen im Nahen Osten den Kriegsbeitritt hinaus, Großbritannien unterband die jüdische Einwanderung in Palästina, und auf den Flüchtlingskonferenzen von Évian und auf den Bermudas fand sich kein Teilnehmerstaat bereit, die verfolgten Juden aufzunehmen. Selbst als die ersten Nachrichten über Auschwitz bekannt wurden, zögerte Roosevelt noch eine Stellungnahme zugunsten der Juden hinaus.

Aber auch die jüdischen Kreise in den USA waren sehr zurückhaltend, entweder aus Angst um ihr patriotisches Ansehen, oder weil sie bisher nur philanthropische Hilfe gewohnt und nun angesichts der völlig veränderten Lage gänzlich hilflos waren.

Deshalb schrieb Arendt ihre Artikel in besonders polemischer Art, um die Leser aufzurütteln: *Eine jüdische Armee ist keine Utopie, wenn Juden aller Länder sie verlangen und bereit sind, in sie als Freiwillige einzutreten. Utopisch aber ist die Vorstellung, wir könnten in irgendeiner Weise von der Niederlage Hitlers profitieren, wenn diese Niederlage nicht auch uns verdankt ist...Freiheit ist kein Geschenkartikel, lautet eine alte und sehr zeitgemäße zionistische Weisheit. Freiheit ist auch keine Prämie für ausgestandene Leiden.*[57] Dazu müsse sich das jüdische Volk von einem *plutokratischen Regime* befreien, von dem es *bis an den Abgrund des Verderbens geführt wurde*[58], und das sich in *Notabeln-Petitionen* und *Wohltätigkeitsvereinen*[59] ergehe: *Zweihundert Jahre lang haben wir es den Plutokraten und Philanthropen überlassen, uns zu regieren und uns in der Welt zu repräsentieren. Zweihundert Jahre lang haben wir uns einreden lassen, daß der sicherste Weg zum Überleben der ist, sich tot zu stellen. Mit dem Erfolg, daß wir selbst unter uns oft nicht wissen, wandeln wir unter Lebenden oder unter Toten; mit dem Erfolg, daß wir uns in einer Scheinwelt bewegen, in der überhaupt nichts mehr mit rechten Dingen zugeht: Wenn wir uns in Gefahr befinden, hoffen wir auf ein Wunder, und wenn wir uns relativ sicher sind, fürchten wir uns vor unserem eigenen Schatten; politische Bewegungen wie den Antisemitismus halten wir für naturnotwendig, aber die wenn nicht natürlichen so doch menschlichen Gesetze des Kampfes halten wir für Einbildungen; eine Geldkampagne ist uns eine Tat, aber die Organisation des Volkes demagogischer Unfug; wenn der Feind vor den Toren steht, entwerfen wir konstruktive Pläne für die Zukunft – und vergessen den kommenden Tag. Bedenkt man, was diesmal alles auf dem Spiel steht – man könnte das Gruseln lernen.*[60] *Gekommen ist die furchtbare Zeit, in der jeden Tag bewiesen wird, daß der Tod seine Schreckensherrschaft genau dann beginnt, wenn das Leben das höchste Gut geworden ist, daß der, der es vorzieht, auf den Knien zu* leben, *auf den Knien* stirbt, *daß niemand leichter zu morden ist als ein Sklave.*[61]

Nur dann könne der Antisemitismus erfolgreich bekämpft werden, wenn *wir in den Krieg als ein europäisches Volk gehen, das zu Glanz und Elend Europas so viel beigetragen hat wie jedes andere auch*[62], und nicht das Ziel der Staatsgründung Israels als einziger Ausweg gepriesen würde.

Statt dessen aber erfuhr der harte, revisionistische Flügel des Zionismus einen so ungeahnten Zulauf, daß schon auf der Biltmore-Konferenz 1942 die zionistische Weltbewegung wieder das Ziel einer jüdischen Staatsgründung ohne Rücksicht auf die arabische Bevölkerung proklamiert werden konnte, das seit den arabischen Unruhen 1929 tabu gewesen war.

Hannah Arendt brach mit dem Zionismus und gab ihre Kolumne auf, *weil von der Armee nur noch der Trompeter übriggeblieben war*[63]. Sie warnte vor der gewaltsamen Staatsgründung, die zwangsläufig einen verhängisvollen Nationalismus, diesmal der Juden, heraufbeschwören würde und verurteilte deshalb die «*modernen Terroristen*» der Bergson-Gruppe und der «Irgun», zu der auch der spätere Ministerpräsident Begin gehörte, als *Sprengstoffspießer* und *Faschisten eines unterdrückten Volkes*.[64]

Nach Kriegsende stellte sich Arendts Hoffnung auf eine europäische Föderation gleichberechtigter Völker unter Einschluß des jüdischen Volkes als Illusion heraus. Da nun eine israelische Staatsgründung auf palästinensischem Boden unausweichlich erschien, setzte sie sich entschieden

Judah Magnes   *Henrietta Szold*

Martin Buber

für eine binationale Konföderation ein, um dieser gewaltsamen Konfrontation zu entgehen.

Sie schloß sich deshalb der kleinen, 1942 gegründeten «Ihud» (Einheit) des aus Kalifornien stammenden Rektors der Hebräischen Universität in Jerusalem, Judah Magnes, an, die von Martin Buber, Henrietta Szold, Erich Fromm, dem Historiker Hans Kohn und dem Soziologen David Riesman unterstützt wurde. Die Ansichten der «Ihud» wurden zwar 1946 vor der von der UNO eingesetzten anglo-amerikanischen Untersuchungskommission gehört und auch von Indien, Jugoslawien und dem Iran unterstützt, hatten aber angesichts der weltpolitischen Lage und der Stimmung von «Sieg oder Tod» unter den jüdischen Organisationen keine Chance. *Sie waren besessen von einer einzigen Idee: mit Würde sterben. Mit Würde leben – ist nicht ganz so wichtig,* so daß *die Beispiele von Sparta oder ähnlichen Experimenten nicht dazu angetan sind, diese Generation europäischer Juden abzuschrecken.*[65] In Palästina trafen eine *mitteleuropäische Ideologie des Nationalismus und Stammesdenkens unter den Juden mit einem von Oxford inspirierten Kolonialromantizismus unter den Arabern*[66] aufeinander.

Würden die Juden den Unabhängigkeitskrieg gewinnen, schrieb Arendt im Mai 1948, so *würden gesellschaftliche Experimente als nicht*

40

praktikabler Luxus aufgegeben werden müssen; das politische Denken würde sich um die militärische Strategie drehen; die Wirtschaftsentwicklung würde ausschließlich von den Bedürfnissen des Krieges bestimmt, der Niedergang der Kibbuzzim *wäre einer der schwersten Schläge für diejenigen – Juden oder Nicht-Juden – die nicht und nie ihren Frieden mit den heutigen Gesellschaften und ihren Normen schließen werden.*[67]

Judah Magnes' plötzlicher Tod bedeutete auch das endgültige Ende der konföderativen Idee. *Magnes war das Gewissen des jüdischen Volkes, und viel von diesem Gewissen starb mit ihm – zumindest für unsere Zeit.*[68]

Seit 1944 arbeitete Arendt für die «Conference on Jewish Relations», die Mitte der dreißiger Jahre von Salo W. Baron und anderen gegründet und unter anderem von Einstein unterstützt wurde, um den Antisemitismus der Nazis zu bekämpfen. Gegen Ende des Krieges blieb nun nichts anderes mehr übrig, als eine Aufstellung aller jüdischen Kulturgüter zu machen, die seit 1940 in den besetzten Gebieten von dem «Einsatzstab Reichsleiter Rosenberg» für ein zukünftiges Museum zusammengeraubt und zur Sichtung nach Frankfurt gebracht worden waren.

Erich Fromm

Von 1948 bis 1952 war dann Arendt damit beschäftigt, als Geschäftsführerin der «Jewish Cultural Reconstruction, Inc.» die in Offenbach lagernden Bestände, darunter 500 000 Bücher Judaica und Hebraica, im Auftrag der Regierung der USA wieder an ihre rechtmäßigen Besitzer zurückzugeben bzw. an jüdische Organisationen zu verteilen.

Während dieser Zeit, von 1946 bis 1949, verdiente sich Arendt als Cheflektorin im renommierten Verlag Salman Schockens, einem *jüdischen Bismarck*[69], ihren Lebensunterhalt, wo sie unter anderem die 2. Auflage von Scholems «Mysticism» und die Briefe Kafkas herausgab. Dabei lernte sie viele Künstler und Linksintellektuelle kennen wie W. H. Auden, der bis zu seinem Tod 1973 zu ihrem engen Freundeskreis gehörte, den Schriftsteller Randall Jarrell, der Arendt die englischsprachige Dichtung nahebrachte und in der Erzählung «Pictures from an Institution» zwei Personen nach dem Vorbild Arendts und Blüchers gestaltete, Mary McCarthy, die von Hannah Arendt sehr verehrt und später um ihre literarische Nachlaßverwaltung gebeten wurde, und Hermann Broch, dessen Essays sie nach seinem Tod 1951 herausgab.

Die Menschen, mit denen sie zusammen war, schätzte sie immer in erster Linie wegen ihrer inneren Unabhängigkeit und Integrität und nicht wegen ihrer politischen Auffassungen oder geistigen Werke. Denn die Erfahrungen zerbrochener Freundschaften um einer freiwilligen Gleichschaltung oder höherer Ziele willen und die erzwungene, langjährige Staatenlosigkeit ließen die Verläßlichkeit der Menschen untereinander zu ihrer größten Sorge werden. Freundschaft, nicht Wahrheit war für sie die Grundlage der Menschlichkeit, ja Treue selber wurde für sie zum *Zeichen der Wahrheit. Am Ende unseres Lebens wissen wir, daß nur das wahr war, dem wir bis zuletzt die Treue halten konnten.*[70] Denn sie hatte auch erfahren, wie *die spezifisch jüdische Menschlichkeit im Zeichen des Weltverlustes,* als *etwas sehr Schönes... den Tag der Befreiung, der Freiheit nicht um fünf Minuten*[71] überlebte.

Hannah Arendt wandte sich bis zum Eichmann-Prozeß 1961 von der jüdischen Politik ab. Sie blieb weiterhin der Paria, der *eine menschenwürdige Existenz nur am Rande der Gesellschaft* für möglich hält und deshalb *weder aus Überzeugungen noch «Begabungen» eine Karriere*[72] erstrebt.

Kurz vor Kriegsende, in der Phase größter Niedergeschlagenheit angesichts der Vernichtung der europäischen Juden und des Verlustes der Heimat, begann Arendt mit der Arbeit an *Elemente und Ursprünge totaler Herrschaft,* das sie zunächst *Die Elemente der Schande – Antisemitismus, Imperialismus, Rassismus* oder *Die drei Säulen der Hölle* nennen wollte. In einer Dreiteilung, die fast alle ihre Werke seit der Beschäftigung mit den augustinischen Triaden durchzog, ging sie bei der Darstellung des Antisemitismus auf ihre Arbeiten zum Judentum und zur Romantik zurück, unterschied den Kolonialimperialismus von dem Imperialismus der europäischen Pan-Bewegungen und entwickelte die Theorie des Totalitarismus als einer neuen Herrschaftsform.

Es ging ihr darum, das qualitativ Neue dieses Phänomens herauszustellen, um sich dem ganzen Ausmaß der Ereignisse für die menschliche Verantwortung stellen zu können. *Während unser gesunder Menschenverstand verwirrt ist, wenn er mit Handlungen konfrontiert wird, die weder von Leidenschaften inspiriert noch utilitaristisch sind, ist unsere Ethik unfähig, mit Verbrechen fertigzuwerden, die die Zehn Gebote nicht vorhergesehen haben. Es ist sinnlos, einen Menschen wegen Mord zu hängen, der an der Fabrikation von Leichen beteiligt war (auch wenn wir natürlich kaum eine andere Alternative haben).*

Das waren Verbrechen, für die keine Bestrafung angemessen zu sein scheint, weil jede Bestrafung ihre Grenzen in der Todesstrafe findet.[73] Der Nazismus selber entbehrte jeglicher Grundlage. Er *verdankt sich keinem Teil der abendländischen Tradition, ganz gleich, ob es sich um den katholischen, protestantischen, christlichen, griechischen oder römischen Anteil an dieser Tradition handelt*[74].

Das Geschehene zu begreifen konnte deshalb nicht bedeuten, den Totalitarismus als Tyrannis, den Kommunismus als Religion zu bezeichnen, also *das Beispiellose mit Beispielen zu vergleichen oder Erscheinungen mit Hilfe von Analogien und Verallgemeinerungen zu erklären, die das Erschütternde der Wirklichkeit und das Schockhafte der Erfahrung nicht mehr spüren lassen*[75]. Da *jede Geschichte von * ... *ihrer Natur nach eine Rechtfertigung des entsprechenden Gegenstands und sogar seine Glorifizierung*[76] ist, brach Arendt *ganz bewußt mit der Tradition des s i n e i r a e t s t u d i o, dessen Größe ich mir völlig bewußt war... Die Konzentrationslager s i n e i r a zu beschreiben, bedeutet nicht, «objektiv» zu sein, sondern sie zu entschuldigen... So ist die Frage des Stils an das Problem des Verstehens gebunden.*[77]

Durch die Veröffentlichung von *Elemente und Ursprünge* (1951) wurde Arendt schlagartig in Fachkreisen bekannt und zu Vorträgen in verschiedenen Universitäten eingeladen. Ihr Buch wurde zwar zum Standardwerk, doch ihr eigentlicher Beitrag zur politischen Wissenschaft wurde durch den Mißbrauch des Begriffs Totalitarismus, der ursprünglich den italienischen Faschismus bereicherte, als Kampfbegriff während des Kalten Krieges in den Hintergrund gedrängt.

In den USA brach unterdessen die McCarthy-Ära an, und die Angst legte sich *wie eine Giftwolke auf das gesamte geistige Leben*[78]. Besonders die *Ex-Kommunisten*, die vor dem Krieg noch Kommunisten oder Trotzkisten waren, taten sich bei der Verfolgung kritischer Intellektueller hervor. *Es handelte sich für sie nicht um einen Kampf der Freiheit gegen Tyrannei, sondern um zwei Glaubensformen, die noch dazu aus der gleichen Quelle stammen.*[79] Die Mittel, die sie unabhängig von der ideologischen Zielsetzung anwendeten, dienten totalitärer Politik. Angesichts der europäischen Erfahrungen befürchtete Arendt deshalb eine ähnliche Entwicklung in den USA.

Das war für sie um so schmerzlicher, als sie sich seit ihrer Ankunft in den USA mit der ihr fremden Geschichte des Landes beschäftigt und die Republik als freieste Staatsform schätzen gelernt hatte. *Die Republik ist kein leerer Wahn, und die Tatsache, daß es hier keinen Nationalstaat gibt und keine eigentlich nationalen Traditionen – bei ungeheurem Cliquenbedürfnis der nationalen Splittergruppen... schafft eine freiheitliche oder wenigstens unfanatische Atmosphäre. Dazu kommt, daß die Menschen sich hier in einem Maße mitverantwortlich für öffentliches Leben fühlen, wie ich es aus keinem europäischen Lande kenne.*[80] Das schienen ihr ausreichende Gegengewichte gegen den Konformismus der *Jobholders* und die Gefahren des ungelösten Rassenproblems zu sein. *Der Grundwiderspruch des Landes ist politische Freiheit bei gesellschaftlicher Knechtung*[81], wobei sie unter Gesellschaft immer den nicht-politischen Bereich von Arbeit, Konsum und Freizeit verstand.

Die Gefahr für die Zukunft nicht nur der USA, sondern aller Industriestaaten sah sie darin, daß *die Republik... von der Demokratie, der sie den Rahmen und die Gesetze vorschreiben soll, von innen her aufgelöst wird. Man kann auch sagen: Die Gesellschaft wird mit der Republik fertig*[82], indem sie als Diktatur der Mehrheit den Minderheiten keine Luft mehr zum Atmen läßt. Arendt befürchtete wie auch später wieder während des Vietnam-Kriegs *totalitäre Entwicklungen aus dem Schoße der Gesellschaft, der Massengesellschaft selbst, ohne «Bewegungen» und ohne feste Ideologie*[83].

Unter diesen Verhältnissen fühlte sie sich *recht vereinsamt* und *mehr noch als sonst aufeinander angewiesen*[84]. Als McCarthy schließlich scheiterte, atmete sie auf: *Die politische Tradition hat sich wieder einmal durchgesetzt und wir haben, Gott sei's gedankt, getrommelt und gepfiffen, unrecht gehabt.*[85]

Der Kalte Krieg hatte auch Arendts Hoffnungen auf eine föderative Neuordnung Europas endgültig zunichte gemacht, nachdem schon, wie in Frankreich, die Forderungen der Widerstandsbewegungen nach einer Föderation dezentraler Staaten von den zurückkehrenden Exilregierungen ignoriert wurden. In einer Artikelserie über das Verhältnis zwischen Europa und den USA befürchtete sie nun, daß durch einen zunehmenden amerikanischen Nationalismus der Antiamerikanismus *in Europa... auf dem besten Wege ist, zu einem neuen Ismus zu werden* und *das aktuelle Amerika-Bild in Europa sehr wohl den Beginn eines neuen paneuropäischen Nationalismus markieren kann.*[86]

Wiederbegegnung mit Deutschland

Als Hannah Arendt im Winter 1949/50 im Auftrag der «Jewish Cultural Reconstruction, Inc.» zum erstenmal wieder nach Deutschland kam, fand sie ihre Vermutung, daß die Weltlosigkeit der Menschen den Totalitarismus ermöglicht habe, in bestürzender Weise bestätigt. *Die Deutschen leben von der Lebenslüge und der Dummheit,* schrieb sie an Heinrich Blücher am 14. Dezember. Mit Ausnahme der meisten Berliner: *Unverändert, großartig, menschlich, humorvoll, klug, blitzklug sogar.*[87] Die Übrigen versuchen, dem Geschehenen in einem *gierigen Verlangen, den ganzen Tag pausenlos an etwas zu hantieren,* zu entfliehen, *um dauernd beschäftigt zu sein*[88], ermangeln allgemein der Emotionen und stellen die alliierte Politik als *erfolgreichen Rachefeldzug*[89] dar. An den Universitäten haben *die Herren Professoren offenbar von den Nazis gelernt... daß man das Regiment der bekleckerten Hemdenbrüste in aller Öffentlichkeit etablieren kann*[90], während immerhin die Hörsäle bei Jaspers, Guardini und anderen überfüllt waren.

Aber *der wohl hervorstechendste und auch erschreckendste Aspekt der deutschen Realitätsflucht liegt jedoch in der Haltung, mit Tatsachen so umzugehen, als handele es sich um bloße Meinungen... Man hat es hier nicht mit Indoktrinationen zu tun, sondern mit der Unfähigkeit und dem Widerwillen, überhaupt zwischen Tatsache und Meinung zu unterscheiden.*[91] Die Entnazifizierung mußte in einem Volk scheitern, *in welchem die Linie, die Verbrecher von normalen Menschen, Schuldige von Unschuldigen trennt, so effektiv verwischt worden ist, daß morgen niemand in Deutschland wissen wird, ob er es mit einem heimlichen Helden oder einem ehemaligen Massenmörder zu tun hat*[92].

Plötzlich gab es zahllose Philosemiten, und Adenauer konnte dreist die *Lüge* verbreiten, *die Mehrheit des deutschen Volkes* sei *gegen Hitler gewesen*[93], während die wirklich Schuldlosen nun begannen, ihre angebliche Schuld zu beteuern. Aber auch jene, *besonders unter den Gebildeten, die heute noch öffentlich die Tatsache beklagen, daß Deutschland Einstein aus dem Land gejagt hat,* hatten nie begriffen, *ein wie viel größeres Verbrechen es war, Hänschen Cohn von nebenan zu töten, auch wenn er kein Genie war.*[94]

Zu guter Letzt traf Arendt dann in den sechziger Jahren auf eine *wirklich erstaunliche Unbekümmertheit, mit der man... sich offenbar damit abgefunden hat, «die Mörder unter uns» zu wissen*[95].

Erst die *Abrechnung der Enkel mit den Großvätern*[96] zu Beginn der Studentenbewegung brach die zugekleisterte Vergangenheit wieder auf: *Die deutsche Jugend wird offenbar endlich deutlich und hört mit den dummen Schuldbekenntnissen auf*[97], die nicht auf ein Verstehen, sondern auf den berühmten «Schlußstrich unter die Vergangenheit» abzielten. *Sofern es überhaupt ein «Bewältigen» der Vergangenheit gibt, besteht es in dem Nacherzählen dessen, was sich ereignet hat... es löst keine Probleme und beschönigt kein Leiden, es bewältigt nichts endgültig. Vielmehr regt es, solange der Sinn des Geschehenen lebendig bleibt – und dies kann durch sehr lange Zeiträume der Fall sein – zu immer wiederholendem Erzählen an.*[98]

Auch die Ablehnung Adenauers, den Status quo in Europa anzuerkennen und ernsthaft die Möglichkeit einer deutschen Neutralität zu prüfen, verstärkte Arendts Distanz zu Deutschland nur noch mehr. Angesichts des Kalten Kriegs und des wachsenden Vernichtungspotentials der beiden Machtblöcke war die Suche nach einem politischen Weg zwingend notwendig geworden, der das Ziel des «weder rot noch tot» verfolgte und von dem Wunsch geprägt war, *außenpolitisch* wieder *zu denken*[99], statt bloße Machtpolitik zu betreiben.

Freundschaft mit Jaspers

Schon 1945 nahm Arendt den Kontakt zu Jaspers wieder auf, unterstützte ihn und seine Frau Gertrud mit Lebensmittelsendungen, bis beide 1948 von Heidelberg nach Basel übersiedelten, und entwickelte durch einen regelmäßigen Briefkontakt und dann fast jährliche Besuche bis zu seinem Tod 1969 eine intensive persönliche und geistige Freundschaft.

Karl Jaspers , der sich selber als «norddeutschen Eisklotz»[100] bezeichnete, war der kühle und methodisch strenge Denker, der auf Grund eines körperlichen Leidens einen strikt kontrollierten Lebenswandel einhielt. Im kleinen Kreis, zumeist unter vier Augen, *entfaltete und übte sich seine unvergeßliche Fähigkeit für das Gespräch, die herrliche Genauigkeit des Zuhörens, die ständige Bereitschaft, Rede und Antwort zu stehen, die Geduld, bei der einmal besprochenen Sache zu verweilen*[101]. Bei ihrem zweiten Besuch 1952 führten sie *ein einziges Gespräch durch 10 Tage hindurch*[102].

Beiden waren die Bedenken gegenüber dem restaurativen Wiederaufbau, der Wiederbewaffnung und der geistigen Stimmung während der Wirtschaftswunderjahre in der Bundesrepublik gemeinsam. «Wir sind alle so einsam, führen Monologe, haben ‹Erfolg›, und alles versackt, wie Steine, die man in einen Schlamm wirft. In Ihnen spricht mich endlich jemand an, dessen Ernst mir fraglos ist, und von dem ich spüre, daß ihm an demselben gelegen ist, wie mir. Nur, daß Sie mir tapferer scheinen, als ich es bin»[103], schrieb Jaspers unmittelbar nach dem Krieg.

Hannah Arendt schätzte ihn als Lehrer und Freund und bezeichnete ihn als Weltbürger und würdigen Nachfolger Kants. *Wenn es Sie nicht*

Mit Jaspers und seiner Frau Gertrud in St. Moritz, 1952

mehr gäbe, es wäre, wie wenn der Maßstab aus der Welt verschwunden wäre und nun wirklich Kants trostloses Ungefähr uns überall umgäbe.[104]

Sie unterstützte ihn in entscheidender Weise bei der Herausgabe seiner Werke in den USA und hielt 1958 die Laudatio anläßlich der Verleihung des Friedenspreises des Deutschen Buchhandels an ihn.

Seine Basler Wohnung wurde zu Arendts *europäischem Zuhause*[105]. *Als ich jung war, waren Sie der einzige Mensch, der mich erzogen hat. Als ich Sie nach dem Krieg als erwachsener Mensch wiederfand und eine Freundschaft zwischen uns entstand, haben Sie mir die Garantie für die Kontinuität meines Lebens gegeben. Und heute ist es so, daß ich an das Haus in Basel wie an ein Zuhause denke.*[106]

Bei den intensiven Gesprächen suchte sie vor allem die Überprüfung ihrer eigenen Ansichten durch Jaspers' methodische Strenge und umfassende philosophische Kenntnisse und war verschiedentlich zur Korrektur ihrer Ansichten bereit.

Mit Gertrud und Karl Jaspers und Theodor Heuss bei der Verleihung des Friedens-
preises des Deutschen Buchhandels 1958

Er dagegen bewunderte an ihrem Werk, bei dem er die eigene Strenge
vermißte, ihre «lessingische»[107] Art als Schriftstellerin, ihre Spontaneität
und Menschlichkeit und die Kühnheit ihres Denkens, die er zum Gegenstand eines eigenen Buches machen wollte, was er aber immer wieder
hinauszögerte.

Doch es gab auch starke Differenzen. So konnte Jaspers nicht verstehen, daß sie keine Deutsche sein wollte. *Ob ich Deutsche oder Jüdin bin:*
Ehrlich gesagt, es ist mir egal… Politisch werde ich immer nur im Namen
der Juden sprechen, sofern ich durch die Umstände gezwungen bin, meine
Nationalität anzugeben.[108] Auch wollte Jaspers immer wieder zu den geistigen Maßstäben der Tradition zurück, die Arendt für unwiederbringlich
verloren hielt. Manchmal war sie *fast verzweifelt, so hatte* sein *Rationali-*
sieren und Moralisieren zugenommen[109]. Er verteidigte zwar ihren Bericht über *Eichmann in Jerusalem* (1963) gegen alle Kritiker, doch
stimmte er mit ihrer Verachtung des deutschen Widerstands nicht über-
ein. Und schließlich hatte sie ein anderes Verhältnis zum politischen
Raum und hielt deshalb seinen Kommunikationsbegriff für zu eingeschränkt. Deshalb zeigte sie auch mehr Verständnis für die positiven
Aspekte der Marxschen Utopie, bescheinigte der *roten Ideologie… einen*
höchst anständigen Stammbaum, während die braune mehr oder weniger

immer aus der Gosse kam[110], und hob in der *Vita activa* die anfänglichen Bemühungen der Arbeiterbewegung um eine neue Form öffentlicher Politik hervor.

Begegnung mit Heidegger

Viel komplizierter gestaltete sich nach dem Krieg ihr Verhältnis zu Heidegger. Hannah Arendt war über seine Kollaboration mit den Nazis entsetzt; sie hielt ihn angesichts irriger Gerüchte über seine angebliche Verfolgung Husserls *für einen potentiellen Mörder* und die Rechtfertigung seines Verhaltens gegenüber angeblichen Mißverständnissen für *nichts als törichte Lügnereien mit einem, wie mir scheint, ausgesprochen pathologischen Einschlag*[111], die Ausdruck völliger *Charakterlosigkeit*[112] wären. In *Was ist Existenzphilosophie?* (1946) warf sie ihm ein funktionalistisches Verhältnis zum Menschen, die Leugnung seiner Freiheit und Selbstbezogenheit bei der Bestimmung des Seins als Nichtigkeit vor. *Heidegger ist faktisch (hoffentlich) letzter Romantiker, gleichsam ein gigantisch begabter Friedrich Schlegel und Adam Müller, deren komplette Verantwortungslosigkeit bereits jener Verspieltheit geschuldet war, die teils aus dem Geniewahn und teils aus der Verzweiflung stammte.*[113]

Martin Heidegger hatte den Kontakt zu Arendt nach dem Krieg wieder gesucht, und Arendt traf ihn während ihres ersten Deutschland-Besuchs in Freiburg. *Er hat mich mit Publikationen und Manuskripten überschüttet, nur sprechen können, nur verstanden werden*[114], und schenkte ihr, wie auch mehrmals später, *wirklich herrliche Gedichte*[115].

Je mehr sie, auch bei weiteren Zusammenkünften, mit ihm sprach, um so mehr gewann sie den Eindruck, daß seine Bewunderung des Nationalsozialismus als «Begegnung der planetarisch bestimmten Technik und des neuzeitlichen Menschen» *ein grotesker Irrtum* war, womit *er aber nicht alleine war. Ich fand gerade eine ähnliche Bemerkung bei Benjamin. Der Ärger mit diesen Herren war, und ist immer gewesen, daß sie keine Bücher wie «Mein Kampf» lesen konnten – zu langweilig – und es vorzogen, leicht verrückte aber höchst interessante Bücher italienischer Futuristen zu lesen, die später alle Faschisten wurden.*[116] Martin Heidegger ließ sich in seinem Leben immer von den jeweiligen Umständen treiben, und seine antisemitische Frau übte dabei einen entscheidenden Einfluß auf ihn aus: ein *Bündnis zwischen Mob und Elite, diesmal aufs Engste geschlossen*[117].

Deshalb versuchte Arendt, angesichts des *wirklich nur verhängnisvollen*[118] Einflusses, den Heidegger an den deutschen Universitäten ausübte, ihn durch weitere Treffen so gut es ging und in ihrer Macht stand, moralisch und politisch zu stabilisieren, wenngleich die Aussichten nicht sehr günstig waren.

Sie regte ihn zu einem «Schuldbekenntnis» gegenüber Jaspers an, doch kam es, von gelegentlichen Briefen abgesehen, zu keiner darüber hinausgehenden Annäherung. Auch die Briefe an Arendt waren *alle wie früher; das gleiche Gemisch von Eitelkeit und Verlogenheit oder besser Feigheit*[119]. Nach wie vor aber schätzte sie sein Denken und verglich seine Bedeutung mit der von Picasso und Yeats. Sein Parmenides-Aufsatz schien ihr *mit einem Anflug von Ver-rücktheit*[120] geschrieben zu sein; die «Einführung in die Metaphysik» prägte ihre eigene Beschäftigung mit der Rolle der Tradition, und sein Buch über Nietzsche hielt sie für ein *Ereignis ersten Ranges in der philosophischen und der sogenannten Geisteswelt*[121]. Während sie sonst jede öffentliche Nähe zu Heidegger mied, würdigte sie ihn in einem Artikel zu seinem 80. Geburtstag als großen Denker, dessen Neigung zum Tyrannischen die «déformation professionelle» aller großen Denker, mit der Ausnahme Kants, sei, und hielt ihm zugute, daß er im Unterschied zu vielen Mitläufern frühzeitig seinen «Irrtum» eingesehen habe.

Amor Mundi

Hannah Arendt hatte sich endgültig in New York niedergelassen, 1951 hatte sie die amerikanische Staatsbürgerschaft erhalten, und ein enger Freundeskreis bot ihr das Gefühl einer dauerhaften Heimat. Nach ihrer Mitarbeit beim «Aufbau» und der Arbeit mit Baron war sie nur noch einmal für eine jüdische Organisation, das New Yorker Leo Baeck Institut, tätig gewesen, dessen Vorstand sie aber nach persönlichen Auseinandersetzungen bald wieder verließ.

«Politik war die alles ausfüllende Beschäftigung in Hannahs Leben», erinnerte sich Mary McCarthy. «Wenigstens 50 Prozent ihrer Gespräche waren ihr gewidmet... Die Zeitungslektüre war für sie ein elektrisierendes politisches Erlebnis, das heftige Reaktionen der Augen, der Hand, des ganzen Körpers, zustimmendes Nicken, plötzliches Kichern und Stöhnen hervorrief.»[122] Sie spendete Geld für Dissidenten und Verfolgte aus Ungarn, später aus der ČSSR und Chile und lebte auch in Zeiten der finanziellen Sorglosigkeit bescheiden.

Sie war viel mit den Intellektuellen um «Partisan Review» herum zusammen, einer 1927 gegründeten, zunächst trotzkistisch, später unabhängig orientierten Zeitschrift, zu denen, neben Mary McCarthy, Dwight Macdonald, Harold Rosenberg, Lionel Trilling, William Barrett und andere gehörten. Sie waren ein Teil der ersten, eigentlichen Intelligenzia der USA und an Arendts «news from old Europe» interessiert. Sie versuchten, ihre geistige Unabhängigkeit jenseits der regierungsnahen oder vom

CIA finanzierten Zeitschriften und Kongresse zu bewahren, hielten aber auch zu den einflußreichen französischen Existentialisten Distanz, die nach Arendts Meinung mit Ausnahme Camus' *auf einem hegelisch einge-richteten Mond*[123] lebten. Simone de Beauvoirs Versuch, *mit den Ameri-kanern existentialistisch zu reden, wäre druckreif gewesen – für den Simpli-cissimus*[124], berichtete Arendt später.

Während sie anfangs ein gutes Verhältnis zur einflußreichen Zeitschrift «Commentary» hatte und die Ziele des «Congress for Cultural Freedom» unterstützte, zog sie sich während des Kalten Kriegs von ihnen zurück. Als sie erfuhr, daß die deutsche Ausgabe von *Elemente und Ursprünge* von der Regierung der USA finanziell unterstützt wurde, war sie empört und lehnte es bei all ihren Deutschland-Besuchen ab, in Amerika-Häu-sern zu lesen.

Nach Abschluß ihrer Totalitarismus-Studie begann Arendt mit der Ar-beit über die marxistischen Ursprünge dieser Herrschaftsform, denn erst nach Kriegsende war ihr das ganze Ausmaß der Stalin-Herrschaft be-kanntgeworden. So entstand zunächst *Ideologie und Terror: eine neue Staatsform* (1953) als ihre wichtigste Analyse des Wesens der Diktaturen Hitlers und Stalins, die sie ihrem Buch anfügte.

Der Marxismus erschien ihr aber darüber hinausgehend *als das feh-*

lende Bindeglied zwischen der Beispiellosigkeit unserer heutigen Lage und gewissen gemeinsam akzeptierten traditionellen Kategorien des politischen Denkens. Deshalb konzentrierte sie sich auf die Kernstücke der Marxschen Theorie, vor allem sein Verständnis von *Geschichte als der vom Menschen gemachten Geschichte, die eng mit seiner Auffassung von Arbeit verbunden ist*[125], und studierte in den Bibliotheken von Paris die Geschichte der Arbeiterbewegung.

Die ersten Ergebnisse ihrer Studien trug sie im Herbst 1953 im Rahmen des angesehenen «Christian-Gauss-Seminar in Criticism» an der Universität von Princeton und später an der New York University und in Harvard vor. In Princeton war sie die erste Frau, die jemals dorthin eingeladen wurde, und erklärte deshalb *den dignified gentlemen, was ein Ausnahmejude ist, um ihnen klarzumachen, daß ich mich notwendigerweise als Ausnahme-Frau gefühlt hätte*[126].

Doch bald gelangte sie zu der Auffassung, daß die enorme neuzeitliche Aufwertung der Arbeit zu einer für das freie politische Handeln verhängnisvollen Umwertung der menschlichen Tätigkeiten und einer generellen Aufwertung der Vita activa geführt hat. Hinzu kam, daß die *abendländische Philosophie nie einen reinen Begriff des Politischen gehabt hat und auch nicht haben konnte, weil sie notgedrungen von dem Menschen sprach und die Tatsache der Pluralität nebenbei behandelte*[127]. Deshalb ging Arendt zunächst in *Vita activa oder Vom tätigen Leben* (1958) daran, *konzeptionell das Handeln von anderen menschlichen Tätigkeiten zu trennen, mit denen es gewöhnlich verwechselt wird: Arbeiten und Herstellen*[128].

Eine der Ursachen für den Sinneswechsel war der Ungarn-Aufstand. Sie hielt ihn für *das Beste, was seit langem passiert ist. Mir scheint, es ist immer noch nicht zu Ende, und ganz gleich, wie es ausgeht, ist dies ein eindeutiger Sieg der Freiheit. Dazu wieder, wie bei allen spontanen Revolutionen der letzten hundert Jahre, das spontane Auftauchen einer neuen Staatsform in nuce, des Räte-Systems, das die Russen so geschändet haben, daß kaum noch ein Mensch versteht, was es eigentlich ist*[129], und dessen Wiederaufleben Arendt in ihrem Totalitarismus-Buch noch für völlig unmöglich gehalten hatte.

So schrieb sie als Fortsetzung von *Vita activa Über die Revolution* (1963) an Stelle einer ursprünglich geplanten «Einführung in die Politik». Es ging ihr nach der allgemeinen Begründung des politischen Handelns nur an Hand eines Vergleichs der französischen mit der amerikanischen Revolution um die konkreten Bedingungen für die in der Geschichte seltenen Augenblicke freien menschlichen Handelns. Die Revolution erschien ihr als *eine Tragödie, bei der es einem froh und warm ums Herz wird, weil so Einfaches und Großes auf dem Spiel steht. Natürlich Heinrichs* [Blüchers] *Lebenserfahrung und die Erfahrung Amerikas.*[130]

Der Erfolg von *Vita activa* war außerordentlich und kam für Arendt, die an die begrenzte Verbreitung philosophischer Schriften gewöhnt war, völlig überraschend, *obwohl ich schon weiß, daß ich manchmal wie Korff eine Art von Witzen erfinde, die erst 24 Stunden später wirken*[131]. Sie hatte damit gewissermaßen eine politische Anthropologie geschaffen und den Begriff der modernen *Arbeitsgesellschaft* geprägt, die das Dilemma des heutigen Massenmenschen kennzeichnet und das Gegenstück zur extremen Weltlosigkeit des vereinsamten Massenmenschen unter dem Totalitarismus darstellt.

Das Revolutionsbuch mit seiner entschiedenen Parteinahme für die Republik dagegen fand angesichts der zunehmenden Begeisterung der Intellektuellen für die Revolutionen in der Dritten Welt nur wenig Anklang. *Es scheint, es ist ein altmodisches Buch,* schrieb sie 1966 an Jaspers, *es gibt nicht viele Leute, denen das gefällt.*[132]

Nach Fertigstellung der *Vita activa* hatte Arendt die Hoffnung, *daß ich nach der Einführung in die Politik mich aus dem Schriftstellerdasein wieder zurückziehen werde. Ohne diese Hoffnung könnte ich weder leben noch schreiben.*[133] Doch das leidenschaftliche Denken ließ sie nicht los. Wie es sich auch in Diskussionen niederschlug und selbst enge Freunde immer wieder in Erstaunen versetzte, schilderte der Schriftsteller Alfred Kazin: «Jede beliebige Unterhaltung mit den beiden konnte plötzlich in die deutsche Sprache überwechseln... Mit der Pfeife zwischen den zusammengebissenen Zähnen knurrte Heinrich seinen Gedanken hervor, als ob er noch auf dem Schlachtfeld stünde – gegen starrköpfige Philosophen. Hannah sprach trotz ihres guten Benehmens über Philosophie, als ob sie sich in einem fremden Land und einer fremden Sprache machtvollen Kräften des Irrtums widersetzen müßte. Sie konfrontierte einen mit der Wahrheit so, wie sie einen mit ihrer Freundschaft konfrontierte, und trat auch Heinrich entgegen... wie ich es nie zwischen einem Mann und einer Frau gesehen habe, die zusammenleben; sie stellte sich dem Bruch, dem Nichts, der ‹extremen Lage› des ‹modernen Menschen›.»[134]

Trotz ihres Mutes und der sich häufenden Einladungen zu Lehrtätigkeiten an verschiedenen Universitäten hielt sie das Leben an der Universität und überhaupt in der Öffentlichkeit nicht für erstrebenswert. Als sie 1955 eine Gastprofessur in Berkeley annahm, kam sie sich in den Seminaren *manchmal vor wie der Zirkusdirektor in der Manege*[135]. *Ich kann einfach nicht 5 mal in der Woche in der Öffentlichkeit stehen, ja sozusagen nie aus ihr herauskommen. Mir ist, als müßte ich mich selbst suchen gehen. Kein Erfolg hilft mir über das Unglück, «im öffentlichen Leben» zu stehen, hinweg... Ich komme mir vor wie Marx' vergesellschafteter Mensch.*[136] *Ich kann nicht zu gleicher Zeit schreiben und lehren; dies sind zwei Tätigkeiten, die sich fundamental entgegenstehen und die ich zu verbinden nicht das Talent habe.*[137]

Heinrich Blücher dagegen hatte große Schwierigkeiten, seine sprudelnden Ideen zu Papier zu bringen; er liebte es, als brillanter Redner und Gesprächspartner in der Öffentlichkeit zu erscheinen. Als er von 1952 an

Mit Heinrich Blücher, um 1950

als Philosophie-Dozent am Bard College nördlich von New York arbeitete, erlangte er schnell den Ruf eines Lehrers, der seine Schüler durch seine Persönlichkeit und sein lebensnahes, humanistisches Bildungsideal beeindruckte.

1958 erhielt Arendt an der Universität von Chicago eine Teilzeitbeschäftigung und 1963 eine Teilzeitprofessur. Das ließ ihr genügend Zeit zum Schreiben, und sie konnte, zumindest den überwiegenden Teil des Jahres, Blücher an Wochenenden und in den Ferien sehen und mit ihm die von beiden so geschätzten endlosen Diskussionen führen. *Ich denke oft, was für fremde Tiere [strange animals] wir doch hier im Grunde sind, und mit welcher Offenheit, Wärme und mit wieviel gutem Willen zu verstehen und uns die Fremde nicht spüren zu lassen, hat man uns doch empfangen.*[138] Ihre Freude darüber teilte sie Jaspers mit: *Ich habe so spät, eigentlich erst in den letzten Jahren angefangen, die Welt wirklich zu lieben.* Aus Dankbarkeit und aus Liebe zur Welt wollte sie deshalb ursprünglich ihr *Buch über politische Theorien «Amor mundi» nennen*[139].

Ihre Beschäftigung mit der amerikanischen Revolution brachte ihr den besorgniserregenden Zustand der modernen USA erst richtig zu Bewußtsein. *Es ist atemberaubend spannend und großartig, nämlich die amerikanische Revolution, die Gründung der Republik, die Verfassung. Madison,*

54

Hamilton, John Adams – *was für Männer*[140], und *überhaupt – was für eine Gesellschaft! Und wie ist das Land heruntergekommen, wenn man es an nichts anderem mißt als an seinen eigenen Maßstäben.*[141] Eisenhower leide unter *angeborenem Schwachsinn* und Nixon sei ein *Heuchler und verlogener Bursche*, stellte sie kurz vor der Wahl Kennedys fest. Die größten Probleme sah sie in *einer Sicherheitshysterie, einem unkontrollierten Wirtschaftswachstum und der damit einhergehenden Transformation einer reichen Wirtschaftsgesellschaft in eine Konsumgesellschaft, wo der schiere Überfluß und Rausch die wirklich unerläßlichen Dinge und die schöpferische Tätigkeit sukzessive aufzehrt.*[142]

Doch *das eine große Verbrechen in der Geschichte Amerikas*[143], das auch die Gründungsväter nicht lösen wollten, und das noch die Gegenwart überschattet, bestand für sie in der rassischen Diskriminierung der Schwarzen. Als 1957 die Eisenhower-Regierung die verfassungswidrige Rassentrennung an einigen Oberschulen durch die Entsendung von Bundestruppen nach Little Rock, Arkansas, gewaltsam aufheben wollte, führten Arendts *ketzerische Ansichten über die Negerfrage und equality*[144] in ihrem Artikel *Reflections on Little Rock* auch unter ihren engsten Freunden zu heftigen Auseinandersetzungen. So sehr sie sich für die tatsächliche rechtliche Gleichstellung aller Bürger einsetzte, so entschieden

Mit Hanna Reuter in Berlin beim Kongreß für die Freiheit der Kultur, 1955

sprach sie sich aber auch für eine gesellschaftliche, das heißt nicht-politische Diskriminierung und Gruppenbildung zum Beispiel entlang beruflicher und ethnisch-kultureller Grenzen aus. Sie hielt dies, zumindest in den USA, für das wirksamste Mittel gegen die politischen Gefahren, die gerade aus der Gleichschaltung des Menschen in der Konsumgesellschaft erwachsen.

Aus diesem Grund sprach sie sich dagegen aus, die gemischtrassische Erziehung auch gegen den Willen der Bürger mit Gewalt durchsetzen zu wollen. *Werden die Eltern gezwungen, ihre Kinder gegen ihren Willen in eine integrierte Schule zu schicken, dann sind sie der Rechte beraubt, die ihnen in allen freien Gesellschaften eindeutig zustehen – des persönlichen Rechts, über ihre Kinder zu entscheiden, und des gesellschaftlichen Rechts auf freie Vereinigung.*[145] Die Kinder würden zu den eigentlich Leidtragenden gemacht. Die Rassenunruhen in den sechziger Jahren führte Arendt teilweise auf die in dieser Frage gemachten Fehler zurück.

Mit dem Wahlsieg Kennedys atmeten die Intellektuellen auf, freilich nur bis zur Eskalation des Vietnam-Kriegs. *Was ihm bereits gelungen ist, ist eine Art Zurückholen in den Bereich des Politischen von Leuten, Intellektuellen, die sich in den letzten zehn Jahren diesen Dingen ganz entfremdet hatten*[146], und *er war wirklich jemand, dessen ganzes Leben von einem Sinn für Handeln bestimmt war. Und das ist so extrem selten – das ist, auf einer hohen Ebene – so extrem selten in unserem Jahrhundert, daß niemand weiß, was man mit diesem Sinn anfangen soll, wenn er erscheint.*[147]

Eichmann in Jerusalem

Als die israelische Regierung 1961 den Prozeß gegen Eichmann eröffnete, bot Hannah Arendt dem «New Yorker» an, als Berichterstatterin nach Jerusalem zu fahren. Sie war vor allem daran interessiert, die Verkörperung des ominösen «radikal Bösen» kennenzulernen und sich mit den Problemen auseinanderzusetzen, wie ein Verbrechen verurteilt werden sollte, für das es bislang keine adäquaten Rechtsgrundsätze gab. Denn *er hat nur Befehle ausgeführt. Und seit wann war es ein Verbrechen, Befehle auszuführen? Seit wann war es eine Tugend zu rebellieren? Seit wann konnte man nur ehrlich sein, wenn man in den sicheren Tod ging? Was also hat er getan?*[148] So beschrieb schon 1945 Arendt das Dilemma am Beispiel eines Zahlmeisters in einem Vernichtungslager.

Als sie in Jerusalem ankam, war sie voller Skepsis: *Mein erster Eindruck: Oben die Richter, bestes deutsches Judentum. Darunter die Staatsanwaltschaft, Galizianer, aber immerhin noch Europäer. Alles organisiert von einer Polizei, die mir unheimlich ist, nur hebräisch spricht und ara-*

*Adolf Eichmann vor dem
Gericht in Jerusalem, 1961*

bisch aussieht; manche ausgesprochen brutale Typen darunter. Die gehorchen jedem Befehl. Und vor den Türen der orientalische Mob, als sei man in Istambul oder einem anderen halbasiatischen Land. Dazwischen, sehr prominent in Jerusalem, die Peies- und Kaftan-Juden, die allen vernünftigen Leuten hier das Leben unmöglich machen. Vor allem aber sehr große Armut.[149] Sie befürchtete, daß durch einen Prozeß in Israel den Juden öffentlich Schaden zugefügt werden könnte, daß *Eichmann erstens beweisen kann, daß kein Land Juden wollte... und zweitens demonstrieren wird, in welch ungeheuerlichem Ausmaß die Juden mitgeholfen haben, ihren eigenen Untergang zu organisieren.*[150] Deshalb kritisierte sie, daß Ben Gurion alle Vorschläge, diesen Prozeß vor einem internationalen Gerichtshof und damit in internationaler Verantwortung zu führen, abgelehnt hatte, und vermutete, daß er mit einem Schauprozeß Adenauer zur Fortsetzung der Wiedergutmachungszahlungen zwingen wollte. Daß es dennoch ein juristisch korrekter Prozeß wurde, war ihrer Meinung nach besonders das Verdienst des Richters Landau.

Die Begegnung mit Eichmann überraschte sie: *Ich bin ja eigentlich hin-*

Jerusalem, Blick vom Ölberg
auf die Altstadt

gefahren, weil ich partout wissen wollte, wie einer aussieht, der «radikal Böses» getan hat; und gelernt habe ich, daß das Böse prinzipiell nicht «radikal» ist, sondern – wie Heinrich bereits einmal vor Jahren bemerkte, worauf ich aber nicht hörte – eher ein Oberflächenphänomen. Ohne diesen Typen der intellektuellen Gedankenlosigkeit auf der einen Seite, wie den Typus des respektablen Mitmachens-um-Schlimmeres-zu-verhüten auf der anderen, wäre die ganze Geschichte nie richtig ins Rollen gekommen.[151] *Das Erschütterndste bestand für sie in der Schäbigkeit dieser Massenmör-*

der ohne Schuldbewußtsein und die gedankenlose Minderwertigkeit ihrer sogenannten Ideale, in der Tatsache, daß etwas gleichsam aus der Gosse geboren werden kann, ohne allen Tiefgang und doch Macht über nahezu alle Menschen gewinnt[152]. *Auch überraschte sie, daß Eichmann viel weniger durch Ideologie beeinflußt war, als ich in dem Buch über den Totalitarismus angenommen habe*[153].

Ihr Bericht nahm auf Grund der detaillierten Schilderungen der Deportationen in Europa, der Diskrepanz zwischen Eichmann als gedankenlosem Bürokraten und der Ungeheuerlichkeit seiner Taten sowie der juristischen Problematik des gesamten Verfahrens schnell die Form eines Buches an, das insbesondere auf jüdischer Seite einen von Arendt unerwarteten Sturm der Entrüstung auslöste. Die Kontroverse drehte sich nur zum Teil um die Entmystifizierung des Bösen als Banalität. Vielmehr stand die Zusammenarbeit der von den Nazis eingesetzten Judenräte, darunter auch des angesehenen Berliner Oberrabiners und Präsidenten der «Reichsvertretung der deutschen Juden», Leo Baeck, im Mittelpunkt, obwohl Arendt dieser nur einen geringen Platz eingeräumt hatte. Allerdings hatte sie in der ersten Fassung ihres Berichts Leo Baeck als den *jüdischen Führer* bezeichnet. *Ich habe, ohne es zu wissen, an das jüdische Stück unbewältigter Vergangenheit gerührt: Es sitzen überall noch, und vor allem in Israel, ehemalige Judenrätler in hohen und höchsten Positionen... Wir haben sehr ähnliche Verhältnisse wie in Deutschland, nur ist es wenn möglich noch gefährlicher, daran zu rühren, als dort... Eine Freundin meinte, es sei wie zur Zeit der Dreyfus-Affäre, die Spaltung gehe quer durch die Familien! Ich bin verblüfft, habe natürlich nie etwas Derartiges erwartet, und sehe auch ein, daß es ausgesprochen gefährlich ist.*[154] Dennoch glaubte sie, daß *wir mit dieser Vergangenheit nur fertig werden können, wenn wir anfangen zu urteilen, und zwar kräftig*[155].

Fast alle jüdischen Organisationen in den USA verurteilten das Buch, die nicht-zionistischen wie die «Anti-Defamation League» der B'nai B'rith mit dem Argument, es liefere den Antisemiten Argumente. Jacob Robinson, einer der Mitarbeiter von Staatsanwalt Hausner, verfaßte eigens ein Buch, um die angebliche Fülle von Fehlern in Arendts Bericht aufzudecken. Später erfuhr sie, daß er dafür von der israelischen Regierung bezahlt worden war. Probst Grüber, der einzige deutsche Zeuge des Prozesses und Unterstützer der Bekennenden Kirche, hielt den Bericht für verharmlosend und versuchte, seine Veröffentlichung in Deutschland als einen «schlechten Dienst» am «deutschen Volk»[156] zu verhindern. Richter Musmanno und auch Hausner reisten eigens zu Vorträgen in die USA, um Arendts Aussagen zu «widerlegen». Selbst enge Freunde wie Hans Jonas waren so empört, daß sie teilweise für längere Zeit den Kontakt zu ihr abbrachen. Nur wenige wie Mary McCarthy, Bruno Bettelheim und der Historiker Raul Hilberg, der soeben das grundlegende Werk über «Die Vernichtung der europäischen Juden» (dt. 1982) veröffentlicht hatte, unterstützten sie.

Hannah Arendt sah darin einen klassischen Fall von Rufmord, der vom jüdischen Establishment und der israelischen Regierung angezettelt worden war und sogar zur Behinderung des Verkaufs ihres Buchs in Chicago und New York führte. *Das ist Teil einer politischen Kampagne, das ist keine Kritik und betrifft nicht wirklich mein Buch... Ich kann nichts dagegen machen... weil ein Individuum per definitionem machtlos und die Macht der Image-makers beträchtlich ist – Geld, Personal, Zeit, Beziehungen etc.*[157]

Leo Baeck

In einem veröffentlichten Briefwechsel mit Scholem antwortete Arendt auf den Vorwurf, sie habe den Opfern vorgehalten, keinen Widerstand geleistet zu haben:

Ich habe nie den Mangel an Widerstand unter den Leuten selbst infragegestellt oder ihnen zum Vorwurf gemacht. In Wirklichkeit haben sie wie alle anderen Gruppen oder Menschen unter den Bedingungen des Terrors gehandelt... Es gibt heute Leute, die glauben, sie könnten dieses Verhalten – wie die Schafe zur Schlachtbank zu gehen – als sogenannte Ghetto-Mentalität des jüdischen Volkes tadeln. Ich glaube nicht, daß das stimmt.

Eine ganz andere Frage ist die des Verhaltens der jüdischen Verwaltung. Das ist tatsächlich die Angelegenheit, die uns keinen Seelenfrieden gewähren sollte. Hier würde ich auch nicht den «Mut zum Widerstand» von ihnen verlangt haben, eine in der Tat unmögliche Forderung. Ich habe nur die Frage gestellt, was geschehen wäre, wenn die Mitglieder der Judenräte nichts gemacht hätten, die «Ehre» der Führerschaft abgelehnt hätten und normale Juden geworden wären...

Es gibt eine wichtige Entschuldigung für sie: die Zusammenarbeit ging schrittweise vor sich und es war tatsächlich schwierig zu verstehen, wann

Golda Meïr

der Augenblick gekommen war, wo man eine Grenze überschreiten würde, die nie hätte überschritten werden dürfen.[158]

Auf Scholems Frage, ob sie nicht ihr jüdisches Volk liebe, antwortete sie: *Erstens habe ich nie in meinem Leben irgendein Volk oder Kollektiv «geliebt», weder das deutsche, noch das französische, noch das amerikanische, noch etwa die Arbeiterklasse oder was es sonst so noch gibt. Ich liebe in der Tat nur meine Freunde und bin zu aller anderen Liebe völlig unfähig. Zweitens aber wäre mir diese Liebe zu den Juden, da ich selbst jüdisch bin, suspekt. Ich liebe nicht mich selbst und nicht dasjenige, wovon ich weiß, daß es irgendwie zu unserer Substanz gehört... Ich kann Ihnen in der ganzen Frage nur eine Sache zugeben, nämlich, daß Unrecht, begangen von meinem eigenen Volk, mich selbstverständlich mehr erregt als Unrecht, das andere Völker begehen.*[159] Diese Sorge war auch immer wieder Anlaß zu kritischen Äußerungen über Israel.

Vor ihrer Rückreise vom Prozeß traf Arendt mit dem obersten Richter Landau, Justizminister Pinchas Rosen und der damaligen Außenministerin Golda Meïr zusammen. Sie hat mit ihr über die *Frage der Verfassung, der Trennung von Staat und Kirche, des Verbots der Mischehen bzw. der existierenden Nürnberger Gesetze – zum Teil recht ungeheuerlich... bis nachts um 1 Uhr gestritten – aber da sie eben doch Amerikanerin ist, nicht zerstritten, es war schließlich fast freundschaftlich.*[160] In ihrer alten Abneigung gegen die zionistischen Organisationen sah sie auch skeptisch *die jüdische Jugend um das Lagerfeuer sentimental Lieder singen, ganz wie wir es in unserer Jugend gekannt und gehaßt haben. Die Parallelen sind fatal, vor allem in Details*[161], schrieb sie an Blücher. Um so begeisterter war sie später über den überraschenden Sieg Israels im Sechs-Tage-Krieg: *Das haben die Israelis hervorragend gemacht*[162], und stellte während eines anschließenden Besuchs in Israel fest, *von einer wie großen Angst sie plötzlich befreit sind. Das trägt entschieden zur Verbesserung des Nationalcharakters bei.*[163]

Die lange öffentliche Auseinandersetzung um das Eichmann-Buch war für Arendt äußerst nervenaufreibend, weil sie es als unabhängige Person mit teilweise organisierten Kampagnen zu tun hatte.

Auch in der Bundesrepublik waren ihre kritischen Äußerungen über den deutschen Widerstand auf Ablehnung gestoßen. Der Jaspers-Schüler Golo Mann bezeichnete sie als «die empörendsten Verleumdungen». Hannah Arendt hatte aber den führenden Mitgliedern nicht so sehr den politischen, sondern vielmehr den moralischen Bankrott vorgeworfen, nämlich die Tatsache, *daß ihnen eben der Widerstand gegen das Regime selbst nie zum Prinzip geworden ist*[164], sondern erst gegen Ende des Krieges zu einer nationalpolitischen Erwägung wurde. Für Arendt stand im Unterschied zu Jaspers, der jede Art von Widerstand begrüßte, auf Grund der Begegnung mit Eichmann die Frage nach der persönlichen Integrität des einzelnen im Vordergrund ihrer Beschäftigung mit dem Widerstand. Auf einer Vortragsreise zum Thema *Persönliche Verantwortung unter der Diktatur* stellte sie die Nicht-Teilnahme als Alternative zum Mitläufertum heraus. Die zentrale Frage aber, die sie seitdem beschäftigte, galt der Voraussetzung dafür: dem Urteilsvermögen des einzelnen in einer Umgebung, deren moralische Maßstäbe zusammengebrochen waren und deren Devise «alles ist erlaubt» sogar dem Bösen noch die klassische Komponente einer Versuchung genommen hatte.

Unerwarteterweise begann sich aber bald das öffentliche Klima zu wandeln. Schon 1963 war sie von Recha Freier in ihren Aussagen unterstützt worden. Da nicht der befürchtete Antisemitismus zunahm, sondern in der Bundesrepublik eine größere Anzahl von Prozessen gegen die Täter eingeleitet wurde und die Forderung nach einer Verjährung der Naziverbrechen scheiterte, änderte sich die offizielle jüdische Haltung. *Man hat den armen alten Robinson einfach fallen lassen, nachdem man ihn erst in diese Verrücktheit gejagt hat*[165], kommentierte Arendt den plötzlichen Stimmungsumschwung und stellte erleichtert fest: *Der Krieg zwischen mir und den Juden ist beendet.*[166]

Sie begann nun, die Erfahrungen der Eichmann-Kontroverse zu verarbeiten. Der Aufsatz *Wahrheit und Politik* knüpfte mit der Frage: *Soll, darf man in der Politik einfach die Wahrheit sagen?*[167] an den Widerspruch von

Mit Mary McCarthy

Meinung und Wahrheit an. *Es ist, als seien Menschen gemeinhin außerstande, sich mit Dingen abzufinden, von denen man nicht mehr sagen kann, als daß sie sind wie sie sind* [168], und ohne die der Bereich des Politischen, in dem es um den Austausch unterschiedlicher Meinungen geht, schlechterdings nicht bestehen kann.

In einer aus diesem Zusammenhang entstandenen Kontroverse mit Jaspers über die Verantwortung von Künstlern für ihr politisches Engagement, die sich in Arendts Aufsatz über Brecht niederschlug, war sie mit Goethe der Ansicht, *daß Dichter nicht so schwer sündigen wie andere Sterbliche, daß es aber auch für sie eine Grenze gibt, die sie ungestraft nicht überschreiten können* [169]: ihre künstlerische Qualität. *Ein guter Vers ist ein guter Vers*[170], ist das einzige Bewertungskriterium, und nach den Erfahrungen Brechts als Kommunist und Ezra Pounds als Antisemit sinkt die Qualität in dem Maße, wie sich die Künstler politischen Zielen unterordnen. Dann allerdings gilt für die guten Dichter: Quod licet bovi, non licet Jovi – was dem Ochsen noch erlaubt ist, ist für Jupiter verboten.

Krise der Republik

Angesichts der politischen Entwicklung in den USA mußte Arendt erneut ihre Beschäftigung mit der Frage nach der unabhängigen Urteilskraft zurückstellen. Mit großer Sympathie hatte sie seit Anfang der sechziger Jahre der Bürgerrechtsbewegung und der daraus entstehenden Studentenbewegung gegenübergestanden; denn diese Generation *ist außergewöhnlich mutig, sie hat Lust am Handeln und besitzt auch, wenigstens in den Ländern mit politischer Tradition, einige Erfahrung darin, und sie verfügt über einen vorläufig noch nicht aufgebrauchten Vorrat an Vertrauen in die Möglichkeit, durch Handeln die Welt zu verändern*[171]. Auf dem Höhepunkt des Pariser Mai bot sie Daniel Cohn-Bendit Hilfe für den Fall an, daß er in Schwierigkeiten kommen könnte. Sie unterstützte das Recht der Studenten, «ihre Universitäten» zu besetzen, und hoffte, daß sich die Bürger unabhängig von den abgekapselten Parteiapparaten einen öffentlichen politischen Raum erstreiten würden, in dem sich Elemente einer Rätedemokratie im republikanischen Sinne entwickeln würden.

Aber ihre Hoffnungen wurden zunehmend enttäuscht, als in der Bewegung während der Verschärfung des Vietnam-Kriegs Kritik durch Dogmatik und Politik durch Gewalt ersetzt wurden. Die Ursache dafür sah sie einerseits im konservativen Rückgriff auf den Marxismus des 19. Jahrhunderts und vermutete, daß er *einiges mit dem Fortschrittsbegriff zu tun hat bzw. mit dem Widerstand gegen die Zumutung, den Grundbegriff aufzugeben, der seit mehr als hundert Jahren der gesamten Linken von den Liberalen über die Sozialisten zu den Kommunisten gewissermaßen heilig gewesen ist;* andererseits im Mißtrauen gegenüber der Politik als solcher, wie es sich unter anderem in Enzensbergers Formulierung in seinem Buch «Politik und Verbrechen» niederschlug, Auschwitz habe die Wurzeln aller bisherigen Politik bloßgelegt. *Die facile, schon von Brecht begonnene Interpretation oder Gleichsetzung von Verbrechen, Geschäft und Politik* sei unpolitisch und *nur eine hoch kultivierte Form des Eskapismus*[172], die jede Schuldfrage ad absurdum führe, schrieb sie in einem Briefwechsel mit ihm.

Bei der Studentenbewegung in Westdeutschland, der sie vorwarf, das System ruinieren zu wollen, befürchtete sie, daß sie sich vom «Prinzip der Hoffnung»[173] zu Amokläufen hinreißen lassen würde. *Die sogenannte linke Opposition in Deutschland hatte schon seit Jahren nur vom Kapitalismus und Ausbeutung und Gott weiß was gefaselt... aber weder die Nazis im Staatsapparat noch die Frage der Grenzen zur Diskussion gebracht*[174]. Als 1965 Grass, Enzensberger und andere nach New York kamen, war sie über deren Vorurteile über die USA entsetzt. *Der Mangel an gesundem Menschenverstand ist oft zum Verzweifeln.*[175] Gegen Adorno und Horkheimer, die die wesentlichen geistigen Grundlagen der Studentenbewegung lieferten, war sie seit der Benjamin-Affäre aufgebracht, und sie sah ihre menschliche Abneigung bestätigt, als die Studenten Adornos anfängliches Erliegen vor den Nazis zur Sprache brachten.[176]

Die Jüngeren hatten zwar die Frage nach der Verantwortung von Tätern und Mitläufern wieder aufgeworfen, sich selber aber gleichzeitig aus der praktischen Verantwortung der Gegenwart gestohlen: *Im Unterschied zum Schah von Persien gehört nun aber die Oder-Neiße-Linie in den Bereich der unmittelbaren Verantwortung eines jeden deutschen Staatsbürgers, und die Anerkennung dieser Grenze ist in der Tat... der Prüfstein des deutschen Nationalismus... die einzige moralische Frage, die heute noch wirklich offen ist*[177], und von deren Lösung der Beginn einer möglichen Liberalisierung des Ostblocks abhängt.

Die Flucht in die Ideologie einer «Dritten Welt» weckte bei Arendt Assoziationen an *eine imperialistische Einebnung aller Besonderheiten*[178] der betreffenden Länder und einen nicht zuletzt in Deutschland gefährlichen *Größenwahnsinn, auch wenn er sich hinter sehr erhabenen Gefühlen verbirgt*[179].

Aber auch die Große Koalition beunruhigte Arendt; sie befürchtete *den Anfang vom Ende der parlamentarischen Demokratie*[180] und verglich die Notstandsgesetze mit den Brüningschen Notverordnungen von 1930.

Doch ihre eigentliche Sorge galt der verfassungspolitischen Krise in den USA seit Beginn des Vietnam-Kriegs. *Da wäre erstens ein Krieg zu nennen, der nicht nach den Regeln der Verfassung deklariert wird, in den man aber trotzdem heute einberuft. Zweitens die Desintegration dieses höchst delikaten Zusammenspiels zwischen den verschiedenen Gewalten und die Usurpation von Machtbefugnissen von seiten der Exekutive... Das eigentlich Entscheidende ist vielleicht das Eindringen eines eigentümlichen Staatsräsondenkens, das es in Amerika bislang nicht gab... Mit einem Wort: Die Regierung hat durchaus recht, die Verfassung ist d a s Hindernis, um gewisse Dinge zur Durchführung zu bringen, z. B. einen imperialistischen Krieg.*[181] Diese Entwicklung ließ Arendt ernsthaft darüber nachdenken, die USA wieder zu verlassen.

Die schwierige Lage wurde zudem durch die Zunahme von Armut,

Gewalt und Bankrott der Großstädte verschärft, die zu Revolten führten und in unheilvoller Weise mit der Diskriminierung der schwarzen Bevölkerung verbunden waren. Arendt verstand deshalb die Beweggründe der Black-Power-Bewegung, *gegen das ganze System vorzugehen, auch wenn ihr sehr viele Wege offenstehen,* denn seit der Gründung der USA hatte die Verfassung den Schwarzen und Indianern nie einen ausreichenden Schutz gewährt. *So eine Geschichte wie die Sklaverei bezahlt man sehr hoch.*[182]

Mit den Pentagon-Papieren wurde erst richtig deutlich, wie weit bereits die Lüge in die Politik eingedrungen war und mit dem Watergate-Skandal die Kriminalität nach sich zog. Das Neue und für Arendt besonders Besorgniserregende dabei waren die *Problemlöser,* die mit Spiel- und Systemtheorien den Vietnam-Krieg und mit Computersimulationen die öffentliche Meinung in den Griff kriegen wollten. *Image-Pflege als Weltpolitik – nicht Welt e r o b e r u n g, sondern Sieg in der Reklameschlacht um die Weltmeinung*[183] war der Grund dafür, daß sich die USA immer mehr von den Tatsachen und dem gesunden Menschenverstand entfernten. Die Problemlöser hatten an die Stelle des politischen Urteilens mathematische, in sich rational stimmige Beweise gesetzt, die zu einem völligen inneren Weltverlust der Menschen und diese letztlich in die Nähe des Totalitarismus führten.

Angesichts des erwachenden Umweltbewußtseins forderte sie, nicht wieder rückgängig zu machende Umweltvernichtungen wie die Entlaubungs- und Vergiftungsaktionen in Indochina als Verbrechen dem Völkermord gleichzusetzen.[184]

Daß schließlich die Politik von Krieg und Lüge scheiterte, war der Unbestechlichkeit und Macht der Presse zu verdanken. Anläßlich der Zweihundert-Jahr-Feier der amerikanischen Unabhängigkeit kurz nach dem endgültigen Abzug der USA aus Vietnam warnte Arendt vor der kollektiven Verdrängung nach dem Motto: *Nicht Amnestie, sondern Amnesie wird alle unsere Wunden heilen,* und forderte: *Wir wollen doch die Jahre der Verirrung nicht vergessen, damit wir uns der glorreichen Anfänge vor zweihundert Jahren nicht völlig unwürdig erweisen.*[185]

Gegen den Machtverfall in den westlichen Industrieländern hoffte Arendt auf die Stärke des «citizen», der sich begrifflich vom deutschen «S t a a t s bürger» unterscheidet. Nach einer zweiwöchigen Geschworenentätigkeit äußerte sie sich optimistisch über das allgemeine Rechtsbewußtsein: *Objektivität und Unparteiischkeit sind ganz erstaunlich, auch bei ganz einfachen Menschen... Ausschlaggebend ist immer, was die Tatsachen sagen und das dazugehörige Gesetz, das der Richter den Geschworenen erklärt. Der Richter sagt immer wieder: «... Sie können das Gesetz als ‹citizen› ändern, aber nicht jetzt, wo Sie j u r o r sind.» Das Gesetz gilt prinzipiell nicht als unabänderlich; die Möglichkeit, daß es geändert werden muß, wird immer offengehalten.*[186] Vor diesem Hintergrund und der historischen Erfahrung der Räte erhoffte sich Arendt von der Stärkung der Bürgerinitiativen das entscheidende Mittel zur Lösung der Krise der Republik.

Die letzten Jahre

1967 hatte Arendt eine Professur an der «New School for Social Research» in New York angenommen, wo sie mit den Vorbereitungen für ihr philosophisches Werk *Vom Leben des Geistes* begann. Die Reisen nach Chicago waren vorüber, es gab mehr Zeit für Heinrich und ihre Freunde.

Inzwischen hatte sie eine Vielzahl von Literaturpreisen und Ehrungen erhalten, darunter 1959 den Lessing-Preis der Stadt Hamburg und 1967 den Sigmund-Freud-Preis der Deutschen Akademie für Sprache und Dichtung in Darmstadt, und zehn verschiedene Universitäten und Colleges hatten ihr die Ehrendoktorwürde verliehen. Seit 1958 war sie korrespondierendes Mitglied der Deutschen Akademie für Sprache und Dichtung, seit 1968 Vorstandsmitglied des National Institute of Arts and Letters und von 1973 bis 1975 mit Albee, I. B. Singer, Updike und anderen zusammen im Vorstand des amerikanischen PEN-Zentrums.

In der Bundesrepublik setzte sie 1972 nach einem längeren Verfahren eine rückwirkende Wiedergutmachung für ihre von den Nazis verhinderte Habilitation durch, eine Art «lex Arendt», die von da an auch weiteren Opfern zugute kam.

Von ihren Studenten wurde sie manchmal mit Rosa Luxemburg verglichen, was ihr sehr schmeichelte, und sie besuchten begeistert ihre Seminare. Sie waren von dem Abenteuer des Denkens fasziniert, wenn Arendt ihre anfangs vielen überspitzt erscheinenden Interpretationen und manchmal starrköpfig vorgetragenen Positionen mit einer gleichermaßen leidenschaftlichen Darstellung gegenteiliger Auffassungen konfrontierte.

Auch Blücher wurde von seinen Studenten besonders in den letzten Jahren vor seiner Pensionierung 1967 verehrt. Seine dröhnende Rhetorik, der Anflug von Ironie, die zuweilen mit Pessimismus vermischt war, gaben seinen philosophischen Ausführungen ein besonderes persönliches und darum überzeugendes Gewicht. Das Bard College verlieh ihm 1968 die Ehrendoktorwürde.

In den folgenden Jahren verlor Arendt ihre beiden wichtigsten Freunde. 1969 starb Jaspers. *Saner hat geschrieben, und ich weiß also Bescheid,* schrieb sie zum letztenmal am 8. Oktober 1968. *Nun sitze ich und denke an Euch beide und den Abschied, von dem man ja doch nie weiß,*

Während der Verleihung einer der zehn Ehrendoktorwürden

wann er bevorsteht. Aber was ich denke und wie mir zumute ist, entzieht sich der Sprache – schon weil mich die Dankbarkeit für alles, was Ihr mir gegeben habt, überwältigt. Auf der öffentlichen Gedenkfeier am 4. März 1969 in Basel erinnerte sie sich an ihn als Weltbürger: *Für nahezu ein Vierteljahrhundert war er das Gewissen Deutschlands, und daß dies Gewissen auf Schweizer Boden schlug, in einer Republik und in einer Stadt,*

69

die eine Art Polis ist, dürfte wohl auch kein Zufall gewesen sein. Er war für die Sitten einer demokratischen Republik geboren.

Im Jahr darauf starb Blücher, der als starker Raucher schon jahrelang Herzbeschwerden hatte. Mit diesen beiden gingen Arendts verläßlichste Freunde und die wichtigsten Stützen ihrer geistigen Arbeiten von ihr. Der enge Freundeskreis mit Mary McCarthy, Hans Jonas, Lotte Köhler, Salo W. Baron und anderen – ab 1966 gehörte vorübergehend auch Uwe Johnson dazu – half ihr so gut es ging, konnte aber den Verlust nicht ausgleichen.

In J. Glenn Gray, der die amerikanische Ausgabe eines Teils der Heidegger-Schriften betreute und Arendts Werk bewunderte, fand sie jemanden, der sie bei der Arbeit an ihrem letzten Werk unterstützte und sie immer wieder ermunterte, ihr Vorhaben zu Ende zu bringen, wenn sie über die einsamen Auseinandersetzungen mit dem *Leben des Geistes* klagte oder unter der Krise der Republik und einer zunehmenden intellektuellen Langeweile litt. Statt in Basel verbrachte sie nun ihren europäischen Urlaub am Comer See und traf verschiedentlich Heidegger. Die Begegnungen waren gelöster als früher. Doch als sie ihn im Sommer 1975, ein Jahr vor seinem Tod, zum letztenmal sah, wirkte er *plötzlich wie erloschen*[187].

Vom Leben des Geistes wurde Arendts schwierigste Arbeit und blieb wegen ihres plötzlichen Todes unvollendet. *Entscheidend für den ganzen Fragenkomplex ist in der Tat die Urteilskraft, und der erste Teil von Kants «Kritik der Urteilskraft» enthält m. E. das Wesentliche der Kantischen politischen Philosophie bzw. daraus könnte man sie entwickeln.*[188] Die Suche nach den Möglichkeiten für ein unabhängiges menschliches Urteilen, die sie seit Kriegsende beschäftigte und die beim Eichmann-Prozeß durch die offensichtlich entscheidende Rolle der Gedankenlosigkeit neuen Auftrieb erhielt, führte sie zur Philosophie zurück. Sie versuchte nun, die metaphysische Tradition hinsichtlich der Geistestätigkeiten Denken, Wollen und Urteilen zu überwinden, die schwer zugängliche Geschichte des geistigen Wollens nachzuzeichnen und zu einer Theorie der politischen Urteilskraft zu gelangen.

1973 trug sie *Das Denken* an der Universität von Aberdeen in Schottland im Rahmen der Gifford-Lectures vor, die nach dem Zweiten Weltkrieg unter anderen von Bohr, Heisenberg, Tillich, C. F. von Weizsäcker und R. Aron gehalten worden waren. Als sie 1974 wiederkehrte, um *Das Wollen* vorzutragen, erlitt sie nach Monaten angestrengter Arbeit einen Herzinfarkt. Sie erholte sich gut, arbeitete aber trotz der Warnung ihrer Freunde intensiv weiter. Im Frühjahr 1975 reiste sie nach Kopenhagen, wo ihr die Universität als erster Frau und Amerikanerin den Sonning-Preis für Verdienste um die europäische Kultur verlieh. Zuvor waren unter anderen Albert Schweitzer, Bertrand Russell, Arthur Koestler und Karl Popper geehrt worden. Im Sommer ordnete sie den Jaspers-Nachlaß

Mit Heinrich Blücher und J. Glenn Gray

im Deutschen Literaturarchiv in Marbach. Mary McCarthy begleitete sie und überarbeitete Arendts Rede stilistisch für Boston zur Zweihundert-Jahr-Feier der USA. In Übersetzungsfragen war Arendt immer äußerst genau, damit keiner ihrer vielschichtigen Gedanken auch nur ansatzweise entstellt würde.

Ende November beendete sie *Das Wollen* und plante, im Sommer 1976 die unterbrochenen Gifford-Lectures fortzusetzen. Doch am 4. Dezember erlag sie in ihrer Wohnung einem erneuten Herzanfall. Mit Salo W. Baron, dem ersten Menschen in den USA, der ihre schriftstellerische Tätigkeit unterstützte, hatte sie ihre letzten Stunden beim Abendessen verbracht.

Was sie einmal über Lessing sagte, traf rückblickend auf ihr eigenes Leben zu: *Lessing hat mit der Welt, in der er lebte, seinen Frieden nie ge-*

71

Das Bard College in Annendale-on-Hudson, N. Y.

macht. Sein Vergnügen war, «den Vorurteilen die Stirn zu bieten» und dem «vornehmen Hofpöbel die Wahrheit zu sagen»; und wie teuer er für diese Vergnügungen bezahlt haben mag, es waren Vergnügungen im wörtlichen Sinne.[189]

Die Urne mit ihrer Asche wurde auf dem Gelände des Bard College in Annendale-on-Hudson neben Heinrich Blücher beerdigt.

Das Werk

Hannah Arendt hat ihre Schriften aus ganz unterschiedlichen Anlässen verfaßt. Aber ob sie sich politischen, philosophischen oder jeweils aktuellen Themen widmen, sachlich oder polemisch geschrieben sind, sie vermitteln doch immer den Eindruck, daß Arendt sie mit ihrer ganzen Person und nicht nur als Philosophin oder Historikerin geschrieben hat. Man stößt bald auf die Hauptfragen, um die Arendts Denken kreist; doch ihre immer wieder neuen Anläufe unter veränderten Gesichtswinkeln haben einen Facettenreichtum geschaffen, der zu weitläufigen Interpretationen und unbeantworteten Fragen an ihr Werk Anlaß gibt. Deshalb soll im folgenden der leichteren Orientierung halber das Werk chronologisch vorgestellt werden.

Rahel Varnhagen und die deutsche Romantik

Die 1938 fertiggestellte Biographie der Rahel Varnhagen, geb. Levin (1771–1833), nimmt in Arendts Werk eine Zwitterstellung ein. Sie ist im gewissen Sinn autobiographisch, weil sich Arendt noch in einer schicksalsverhafteten Stimmung befand, ansatzweise die «jüdische Existenz» existenzphilosophisch zu fassen versuchte, aber schon den Weg zur historischen Erforschung der Judenfrage einschlug, in der sie, *was immer ich an einfachen historischen Einsichten für relevant noch hielt... noch kürzer und ohne alle «Psychologie»*[190] vermittelte.

Dennoch wird in diesem Buch schon Arendts grundsätzliche Einstellung zum Judentum und der Assimilationsproblematik in Deutschland deutlich. *Judentum gibt es nicht außerhalb der Orthodoxie auf der einen, dem jiddisch sprechenden, Folklore produzierenden jüdischen Volk auf der anderen Seite. Was es außerdem gibt, sind Menschen jüdischer Abstammung, für die es jüdische Inhalte im Sinne irgendeiner Tradition nicht gibt und die aus bestimmten sozialen Gründen und weil sie sich als eine Clique innerhalb der Gesellschaft befanden, so etwas produzierten wie einen «jüdischen Typ».*

Rahel Varnhagen, geb. Levin

Ihn gibt es entweder als Paria, dessen Qualitäten *Rahel die «wahren Realitäten des Lebens» nannte – «Liebe, Bäume, Kinder, Musik»*[191]. *Immer repräsentieren... die Paria in einer Gesellschaft, welche auf Privilegien, Geburtsstolz, Standeshochmut basiert, das eigentlich Humane, spezifisch Menschliche, in Allgemeinheit Auszeichnende. Die Menschenwürde, die der Paria instinktartig entdeckt, ist die einzig natürliche Vorstufe für das gesamte moralische Weltgebäude der Vernunft,* aber eben auch nur *Vorstufe*, weil die Menschlichkeit des Parias um den Preis der Weltlosigkeit, den Ausschluß aus der politischen Öffentlichkeit erlangt wurde.

Oder es gibt diesen *«jüdischen Typ»* als Parvenu: *Er darf nicht dankbar sein, weil er alles seinen eigenen Kräften schuldet; er darf keine Rücksicht für «menschlich Angesicht» kennen, weil er sich selbst als eine Art Übermenschen der Tüchtigkeit, als ein besonders gutes und starkes und intelligentes Exemplar, als ein Leitbild seiner armen Pariabrüder einschätzen muß. Der Parvenu bezahlt den Verlust seiner Pariaeigenschaften da-*

mit, daß er endgültig unfähig wird, Allgemeines zu erfassen, Zusammen-
hänge zu erkennen, sich für anderes als für seine eigene Person zu inter-
essieren.[192]   *unbeteiligt*

Rahel ist interessant, weil sie ganz naiv und noch ganz unbefangen genau
dazwischensteht – zwischen Paria und Parvenu.[193]

In diesem Dazwischen spielt sich Rahels Lebensgeschichte als endloser Versuch ab, aus dem Niemandsland der jüdischen Existenz, ohne Reichtum, Schönheit oder Kenntnis der Mittel einer politischen Emanzipation in die nacheinander aufgeklärte, romantische und schließlich reaktionär-antisemitische Umwelt zu entfliehen.

Aber auch Aufklärung und Romantik spielten in dieser Hinsicht eine höchst fragwürdige Rolle. Die Aufklärung wollte aus den Juden Menschen wie andere auch machen; dem stimmten sie begeistert zu und setzten damit unversehens eine eigene Minderwertigkeit voraus. Die von der Aufklärung in Form des Lessingschen «Selbstdenkens» zur obersten Autorität erklärte Vernunft erschien als Ausweg aus dem Stigma der «infamen Geburt», übersah aber die vorurteilsbeladene Umwelt. So bagatellisierte nicht nur die Unpersönlichkeit des vernünftigen Denkens das *Nur-Menschliche, Nur-Zufällige des Unglücks*[194], sondern es zog sich selber in die Isolation zurück. *Die Autonomie des Menschen wird zur Übermacht der Möglichkeiten, an der jede Wirklichkeit abprallt*[195]; ihr herausragender Vertreter ist Rousseau. Die Konsequenz daraus lautete für Rahel: *Immer gerade und im Augenblick anders zu sein, als man ist. Nie sich behaupten, sondern schmiegsam werden, alles, nur nicht man selbst.*[196]

In der Romantik entstand daraus nach Arendts Auffassung die Vorstellung vom Leben als einem Kunstwerk und ein Drang zu Selbstoffenbarung, Indiskretion und Schamlosigkeit, wie er Friedrich Schlegels «Lucinde» durchzieht, und dabei das Intime veröffentlicht und das Öffentliche im intimen Klatsch mitteilt.

Als die allgemeine Emanzipation scheiterte, kündete David Friedländers Aufruf zur Taufe die Zeit der versuchten Einzellösungen an; Rahels Schicksalsweg begann und war für Arendt in allen Einzelheiten der Beleg dafür, *daß Juden unter den Bedingungen der gesellschaftlichen Assimilation und staatlichen Emanzipation nicht «leben» konnten*[197].

Rahel versuchte zunächst im Niemandsland des literarischen Salons die Liebe zu Graf von Finckenstein zur Flucht aus dem Judentum durch Heirat zu benutzen. Doch der Salon war nur eine illusionäre Welt, in der *die Juden... zu Lückenbüßern zwischen einer untergehenden und einer noch nicht stabilisierten Geselligkeit* wurden.[198] Finckensteins soziale Bindungen erwiesen sich als stärker als seine Liebe zu Rahel. So versuchte sie, allerdings erfolglos, das Geschehene zu verdrängen und lernte in ihrer Begegnung mit Friedrich von Gentz, dem späteren Sekretär Metternichs, die zwiespältige Existenz einer Ausnahmejüdin kennen.

Nach diesen Erfahrungen strebte sie nun die Assimilation um jeden

Karl August Varnhagen von Ense

Preis an. Zuerst durch die Taufe und Umbenennung in Friederike Robert, um mit einem *Zauberwort... ein Mensch unter Menschen zu werden*[199], doch vergebens. Denn mit der napoleonischen Eroberung Deutschlands nahmen die Salons *das Gepräge patriotischer Geheimbünde*[200] an, und im Adel entstand aus Wut über die Stein-Hardenbergschen Reformen der erste moderne Antisemitismus. Dann durch ihre Hoffnung auf Napoleon als den vermeintlichen Sieger und schließlich mit einem *peinlich anmutenden Patriotismus*[201] auf die nationalistische Geschichtsauffassung Fichtes, weil sie den *natürlichen Zusammenhang, der dem geschichtlichen Kontinuum zugrunde liegt, die Aufeinanderfolge der Geschlechter*[202], zu zerstören und an ihre Stelle eine ganz neue Nation zu setzen versprach. Mithin war Rahel bereit, ihre «sinnliche Individualität» zu vernichten, auf die die Welt um sie herum ohnehin keinen Wert legte.

Selbst als es ihr in all den Jahren einmal gelang, *die Welt unabhängig von ihrer eigenen Verstricktheit und ihrem Ausgestoßensein*[203] in der Freundschaft mit dem fünfzehn Jahre jüngeren Alexander von der Marwitz zu erblicken, war das Glück von kurzer Dauer. Denn *der geistige Untergang der Welt in der Aufklärung war die Bedingung dafür, daß sie überhaupt zusammenkamen*[204], aber er trieb gleichzeitig den Junker in die Befreiungskriege und den Tod.

Zuletzt lernte sie Varnhagen kennen, nachdem nichts mehr blieb, *als zu versuchen, mit einem, der auch nichts hatte – noch nichts –, zusammen in die Höhe zu kommen*[205]. Das gelang zufällig während der Befreiungskriege durch eine diplomatische Stellung Varnhagens und, nach seiner frühzeitigen Pensionierung, durch die Förderung des Goethe-Kults in Berlin.

Varnhagen als einfacher Angehöriger des Bürgertums wurde erst durch Rahel zum Parvenu, der angestrengt versuchte, in einem *Schwindel,* mit dem *der Paria die Gesellschaft auf seine Karriere als Parvenu* vorbereitet, selbst noch das *zu lieben, wo einem nur das Gehorchen übrigbleibt.*[206] *Was an Parvenumanieren sich hinter dem Berliner Goethekult verbarg, hat niemand außer dem jungen Heine auch nur geahnt.*[207]

Aber Rahels Parvenu-Dasein blieb immer ein bei *Varnhagen dankbar entgegengenommenes Asyl, dem sie ihre Pariaqualitäten nicht opfern wollte.* Auf ihrem Totenbett gestand sie sich schließlich ein: *Was so lange Zeit meines Lebens mir die größte Schmach, das herbste Leid und Unglück war, eine Jüdin geboren zu sein, um keinen Preis möchte ich das jetzt missen.*[208] Sie erkannte nun, daß *man nur um den Preis einer viel allgemeineren Lüge in die Gesellschaft hineinkam ... daß es für den Parvenu – aber eben auch nur für ihn – gilt, alles Natürliche zu opfern, alle Wahrheit zu verdecken, alle Liebe zu mißbrauchen, alle Leidenschaft nicht nur zu unterdrücken, sondern schlimmer, zum Mittel des Aufstiegs zu machen*[209].

Daß man aus dem Judentum nicht herauskommt war Arendts Schlußfolgerung nicht nur aus Rahels gescheiterter Assimilation, sondern auch aus der Geschichte der deutschen Juden überhaupt. Je hartnäckiger sie auf den Menschenrechten bestand, um so *typischer jüdisch wird ihr Schicksal,* um so deutlicher, *was ein Jude alles anstellen kann, ohne aufzuhören, ein Jude zu sein.*[210] Die Assimilation scheitert spätestens dann, wenn sich der Jude in einer überwiegend judenfeindlichen Gesellschaft nicht mehr anders assimilieren kann, als daß er selber Antisemit wird. Tut er das nicht, wird der Paria zum Rebell.

Schicksal des europäischen Judentums

Vor dem Hintergrund ihrer Erfahrungen mit assimilierten und zionistischen Juden in Frankreich und den USA befaßte sich Arendt während der vierziger Jahre in einer Reihe von Aufsätzen mit der verhängnisvollen Weltlosigkeit der Juden in der Diaspora.

In *Die verborgene Tradition* (1944) beschrieb sie den Untergang des Paria. Bis ins 20. Jahrhundert hinein konnten europäische Juden noch relativ frei das Leben des Paria wählen. Seine Geschichte begann mit dem im 18. Jahrhundert in Polen lebenden Salomon Maimon und endete mit Kafka. Sie beruhte auf dem *Mißverständnis, die frohe Botschaft der Emanzipation so ernst zu nehmen, wie sie nie gemeint gewesen war, und als Juden Menschen zu sein,* und leitete *jenen großartigen Prozeß ein, in welchem Juden, denen politische Freiheit und unmittelbare Volksnähe versagt war, sich als Menschen, als Einzelindividuen, in leidenschaftlicher Opposition zu ihrer jüdischen wie nichtjüdischen Umwelt selbst befreiten und in der Einbildungskraft von Kopf und Herz, gleichsam auf eigene Faust, Volksnähe realisierten. Die für diese Leistung erforderliche Überspannung von Leidenschaft und Einbildungskraft ergab den eigentlichen Nährboden jüdischer Genialität, die in den Gipfeln ihrer Produktivität dem jüdischen Volk sein altes Heimatrecht unter den abendländischen Völkern neu bestätigt hat.*[211]

Heinrich Heine war noch ein *Schlemihl und Traumweltherrscher,* dem als erstem Juden die Freiheit mehr als die *Befreiung aus dem Hause der Knechtschaft* bedeutete und *aus einem Jenseits von Herrschaft und Knechtschaft erwuchs, für das Knecht und Unterdrücker gleich widernatürlich und damit gleich komisch sind*[212]. Damit stand Heine zwar außerhalb des wirklichen Lebens, aber er hielt der Gesellschaft den Spiegel vor und war vielleicht der einzige unter den deutschen Prosaisten, der Lessings Erbschaft angetreten hatte.

Mit Charlie Chaplin trat dann die *Unschuld des Suspekten* in die Welt, in der inzwischen Recht und Unrecht verwischt waren. Sein Lachen verstummte schließlich *nicht so sehr wegen des steigenden Antisemitismus, sondern weil seine grundsätzliche Menschlichkeit nichts mehr galt*[213]. Der kleine Mann jubelte nun dem Diktator zu, während der Suspekte aus dem Volk ausgeschlossen und zum Staatenlosen wurde.

Bei Kafka aber wurde dem Ausgeschlossenen endgültig jegliche Realität aberkannt. Der Versuch des Landvermessers K., von seinen Mitmenschen ununterscheidbar zu werden, rief hellste Empörung hervor, denn die Normalität war inzwischen zur Ausnahme geworden. In dieser Welt, die Kafka beschrieb, war das Leben des Paria unmöglich geworden, weil ihm die politischen und gesellschaftlichen Verhältnisse keinen Spielraum mehr ließen und sogar den Parvenu zum Gesetzlosen erklärten.

Notizen zu «Das Unglück des assimilierten Juden», um 1935

In dem Franzosen Bernard Lazare allerdings, der durch die Dreyfus-Affäre zum Paria wurde, fand Arendt ein Vorbild dafür, wie trotzdem eine Paria-Existenz in der Moderne möglich ist. Er erlebte die Entstehung des modernen Antisemitismus als Folge des moralischen Zusammenbruchs im imperialistischen Zeitalter und rebellierte deshalb nicht nur gegen die feindliche Umwelt, sondern auch die jüdischen Parvenus, die beide zusammen eine *doppelte Knechtschaft* ausübten. *Der Paria wird in dem Moment zum Rebell, wo er handelnd auf die Bühne tritt... Damit verlangte er nicht mehr und nicht weniger, als daß der Paria die Vorrechte des Schlemihls aufgabe, sich löse von der Welt der Märchen und der Dichter, dem großen Schutz der Natur entsage und eingreife in die Menschenwelt.*[214] Lazare, der, *ein Revolutionär in seinem eigenen Volk, nicht unter anderen sein* wollte und *keinen Platz in Herzls im Grunde reaktionärer Bewegung*[215] fand, wandte sich bald wieder vom Zionismus ab und *blieb nicht einmal* in der *Erinnerung übrig*[216].

Walter Benjamin war für Arendt der tragischste Fall eines scheiternden Paria. In einem Porträt für seine von ihr in den USA herausgegebenen «Illuminationen» zeichnete sie seine Tragödie als *seltsame Konfiguration von Schicksal und Charakter*[217] eines homme de lettres aus dem 19. Jahrhundert nach. Das «bucklicht Männlein» aus «Des Knaben Wunderhorn» erkor sich Benjamin als Verursacher seines ständigen Mißgeschicks aus, und tatsächlich *verstand er sich auf nichts weniger als darauf, «Lebensbedingungen, die für ihn vernichtend geworden waren», zu ändern, und sein Ungeschick leitete ihn mit einer nachtwandlerisch anmutenden Präzision jeweils an den Ort, an dem das Zentrum eines Mißgeschicks sich befand oder doch wenigstens befinden konnte*[218] – zuletzt an die verschlossene spanische Grenze.

Er schwankte in seiner Ablehnung der Assimilation zwischen Zionismus und Kommunismus, zwischen Scholem und Adorno, *nur daß Scholem Benjamin zurück zur Metaphysik und zum Judentum, Adorno dagegen in die wahre Dialektik des Marxismus zu geleiten wünschte*[219]. Aber weil er schließlich die unantastbare Unabhängigkeit seiner Person bewahrte und die marxistische Überbautheorie eigenwillig interpretierte, entstanden die *tödlich ernsten Konflikte mit dem Institut für Sozialforschung*[220].

Wie gering die Rolle des Parias in der jüdischen Diaspora war, zeigt der kritische Blick in die Geschichte des Judentums. Dort entdeckte Arendt einerseits die Zusammenhänge zwischen der Weltlosigkeit der Juden im existentiellen Sinne und der zunehmenden Weltlosigkeit der Nichtjuden und zwischen der Auflösung des jüdischen Volkes und der Individualisierung der Menschen innerhalb der entstehenden Massengesellschaft: *Es ist kein bloßer Zufall, daß die katastrophale Niederlage der Völker Europas mit der Katastrophe des jüdischen Volkes begann.*[221] Andererseits entdeckte sie die Unfähigkeit der Juden zu politischen Urteilen und ihre Unkenntnis der eigenen Vergangenheit: *Das Resultat hiervon war, daß die politische Geschichte der Juden in eine erheblich größere Abhängigkeit von äußeren, zufälligen Faktoren geriet als die aller anderen Völker, so daß sie schließlich aus einer Rolle in die andere stolperten, ohne sich doch für*

Sabbatai Zevi

irgendeine je verantwortlich zu fühlen.[222] Auf diesen Anteil an Verantwortung kam es jedoch Arendt an.

Seit seiner Vertreibung waren das Überleben und die Hoffnung auf den Messias die einzigen Lebensinhalte des jüdischen Volkes. Die freiwillige Isolierung von allen Nichtjuden, um in der Fremde als Volk zu überleben, war nicht nur die Ursache für seine Absonderung von den Christen, sondern vor allem auch für seine Weltlosigkeit.

Nur zwei politische Bewegungen bildeten die Ausnahme: die mystische Sabbatai Zevi-Bewegung im 17. Jahrhundert, die nach Arendts Auffassung zugleich das vorläufige Ende der jüdischen Geschichte darstellte, und der Zionismus, *mit dem ein neues Kapitel begann; vielleicht auch mit der großen Wanderung nach Amerika Ende des vorigen Jahrhunderts*[223]. Das Scheitern der messianischen Bewegung führte in die völlige Weltlosigkeit, weil die Religion, *die Regelung der Gemeinschaftsangelegenheiten mit Mitteln einer Politik, die nur auf dem Feld der Einbildung existierte – der Erinnerung an eine weit zurückliegende Vergangenheit und der Hoff-*

nung auf eine ferne Zukunft ... nicht länger den Juden als angemessenes Instrument zur Bewertung und Handhabung aktueller politischer oder anderer Ereignisse diente.[224]

Der nachfolgende Chassidismus plädierte mit *der «Neutralisierung des humanistischen Elements»* (d. i. *die Neutralisierung politischer Standpunkte), dem unverblümten Hang zu Widerspruch und der Konservierung des «Mythos vom Exil»* dafür, sich in der Diaspora einzurichten. Er *entsprach in fast unheimlicher Weise den Bedürfnissen des assimilierten Judentums*[225] und hatte mit ihm und dem revolutionären Utopismus die mystische Wurzel gemeinsam.

Die Assimilierten, die in Reichtum, Bildung oder Künsten ihre neue Heimat suchten, blieben wie Stefan Zweig gegenüber der heraufziehenden Katastrophe hilflose *Juden in der Welt von gestern*[226]. Selbst als Flüchtlinge versuchten sie noch, der Tragödie durch Assimilation zu entfliehen: *Wenn wir gerettet werden, fühlen wir uns gedemütigt, und wenn man uns hilft, fühlen wir uns erniedrigt. Wie Verrückte kämpfen wir um eine private Existenz mit individuellem Geschick ... Weil uns der Mut fehlt, eine Veränderung unseres sozialen und rechtlichen Status zu erkämpfen, haben wir uns statt dessen entschieden, und zwar viele von uns, einen Identitätswandel zu versuchen ... Doch die Erschaffung einer neuen Persönlichkeit ist so schwierig und so hoffnungslos wie eine Neuerschaffung der Welt.*[227]

Der Zionismus als neues Kapitel der jüdischen Geschichte bot zwar die Rückkehr zur Wirklichkeit, doch trug er alle für Arendt negativen Merkmale einer Ideologie des 19. Jahrhunderts und verkörperte die beiden typischen europäischen Bewegungen, Sozialismus und Nationalismus, in Gestalt der sozialrevolutionären Bewegung der osteuropäischen Juden und der nationalemanzipatorischen Bewegung in Westeuropa, zu der auch Herzl gehörte. *Die sozialistischen Zionisten hatten ihr nationales Ziel erreicht, als sie in Palästina siedelten,* und dachten nicht im Traum daran, daß es zu Konflikten mit den dort lebenden Arabern kommen könnte. *Nichts konnte besser den völlig unpolitischen Charakter der neuen Bewegung beweisen, als diese unschuldige Gedankenlosigkeit.*[228] Ihre Rebellion in Osteuropa richtete sich nicht gegen die Unterdrückung des eigenen Volkes, sondern die Enge des Gettolebens; als neuentstehende Kibbuz-Aristokraten waren sie deshalb auch nur an der Verwirklichung ihrer Ideale und weiterer Einwanderungen interessiert. Die *Zustimmung zu den Transfervereinbarungen zwischen Nazis und Zionisten ist nur ein herausragendes Beispiel unter den zahlreichen Fällen politischen Versagens der Aristokratie der Palästina-Juden*[229]. Ihr Verzicht als *Avantgarde der jüdischen Volkes* auf die politische Auseinandersetzung mit dem jüdischen Bürgertum im Ausland ermöglichte den *politischen Zionisten* mit ihren *Ideologien, Weltanschauungen, Geschichtstheorien*[230] den Weg an die Macht.

Bernard Lazare

Diese stammten aus den wohlhabenden jüdischen Bürgerfamilien Deutschlands und Österreich-Ungarns und erstrebten als freischwebende und zugleich ungeschützte Intellektuelle, *um überhaupt Juden zu bleiben... ein neues Haus... In West- und Mitteleuropa sollte der Zionismus also vor allem jenen eine Lösung bieten, die stärker als jede andere Gruppe des Judentums assimiliert und sicherlich stärker als ihre Gegenspieler von europäischer Bildung und kulturellen Werten geprägt waren.*[231] Ihr Nationalismus und Begriff vom Judentum waren nur negativ durch die Existenz des gemeinsamen Feindes bestimmt (Herzl), und sie verfielen *auf die merkwürdige Idee, daß man sich vielleicht des Judenhasses zum Zwecke einer gleichsam zwangsweisen Konservierung des Volkes bedienen könne. Je «ewiger» der Antisemitismus, desto sicherer die «ewige» Existenz des jüdischen Volkes.*[232] Den Zionismus und nicht den Nazismus betrachtete Arendt somit als eine Art Gegenideologie und unmittelbare Folgeerscheinung des Antisemitismus. Herzls Lösung des Judenproblems bestand in der Flucht oder Übersiedlung in ein Heimatland, die es auf

Grund der *Wahrnehmung der Wirklichkeit als einer ewigen und unveränderlichen feindlichen Struktur den Zionisten von Anfang an unmöglich* machte, *... wirklich loyale Verbündete zu suchen*[233]. Folglich weigerten sie sich, den aktiven Kampf gegen den Antisemitismus aufzunehmen und dazu die Juden zu organisieren, um sich die Freiheit zu erkämpfen, und wandten sich nach dem Zweiten Weltkrieg völlig vom europäischen Judentum ab und einem Isolationismus zu, der *die kritiklose Übernahme des Nationalismus in seiner deutschen Version*[234] bedeutete.

Die Alternative dazu bot Lazare, der nicht in erster Linie an der territorialen Frage, sondern der sozialrevolutionären Veränderung innerhalb des jüdischen Volkes interessiert war. Und sie wurde durch den Aufstand derer praktisch, die im Warschauer Getto noch am Leben waren. Der *jüdisch-deutsche Krieg* war für Arendt nach Jahren der Hoffnung der einzige Schritt, um von den Alliierten als Volk ohne Staat gleichberechtigt anerkannt zu werden. *Damit liquidierten sie die Pariastellung des jüdischen Volkes in Europa und ordneten sich als Gleichberechtigte in den Freiheitskampf der europäischen Völker ein.*[235] Vor diesem Hintergrund hatte Arendt vergeblich auf die Errichtung einer jüdischen Heimstatt an Stelle eines Staates in Palästina gehofft, die neben der Diaspora und ohne den Anspruch, sie zu dominieren, einen politischen und kulturellen Raum gewährt hätte.

Elemente und Ursprünge totaler Herrschaft

Da Arendt jeglichen Geschichtsdeterminismus ablehnte, erschien ihr die historisch-phänomenologische Darstellung am geeignetsten, um die Grundlagen des Totalitarismus zu beschreiben. In den drei Hauptteilen *Antisemitismus, Imperialismus* und *totale Bewegungen und totale Herrschaft* widersprach sie vielen, zum Teil noch heute gängigen Erklärungen über den Zusammenhang von Antisemitismus, Nationalismus und totalitärer Diktatur. Im Zentrum ihrer Überlegungen stand die existentielle Verlassenheit des modernen Massenmenschen, die zu Weltverlust und zum Zusammenbruch des politischen Raums führte.

Antisemitismus

Hannah Arendt konzentrierte sich bei der Darstellung der Elemente des Antisemitismus auf die Zeit zwischen dem preußischen Hofjudentum und der Dreyfus-Affäre und die folgenden Fragen: Warum fiel der Antise mitismus nicht mit dem Aufschwung, sondern mit dem Niedergang des europäischen Nationalismus zusammen? Welche Rolle spielten die Juden im Rahmen des Nationalstaats und innerhalb der Gesellschaft, und wie kommt es, daß seit dem Beginn des imperialistischen Zeitalters Judenfrage und antisemitische Ideologie mit Problemen verquickt sind, *die so gut wie keinen Bezug mehr zu den Realitäten der modernen jüdischen Geschichte haben*[236]?

Bei näherem Hinsehen erweisen sich die gängigen Antworten, der Antisemitismus sei Ausdruck gesteigerten Nationalgefühls, und die Juden hätten als Sündenböcke für andere Probleme herhalten müssen, als unhaltbare Klischees.

Hannah Arendt sah den Höhepunkt des Antisemitismus erreicht, als mit dem Niedergang des Feudaladels *die Juden als ehemalige Hoffinanciers ihre Funktion im öffentlichen Leben und ihren Einfluß eingebüßt hatten und nichts mehr besaßen als ihren Reichtum.* Aber *was als eigentlich unerträglich empfunden wird, sind selten Unterdrückung und Ausbeutung als solche; viel aufreizender ist Reichtum ohne jegliche sichtbare Funktion, weil niemand verstehen kann, warum er eigentlich geduldet werden soll*[237]. Je mehr sich das nationalstaatliche Europa zu einem imperialistischen wandelte und völkischen Panbewegungen Raum gab, um so mehr bot sich der Antisemitismus als geeignete Ideologie gegen den traditionellen Nationalstaat an. Das war um so verhängnisvoller, als sich auch das jüdische Volk in der Desintegration befand und die jüdische Solidarität erlosch. Weil schon seit langem ein Teil der Juden zu Ausnahmejuden geworden war, interessierten sich die europäischen Völker nicht für das Schicksal des jüdischen Volkes; und für die Katastrophe der deutschen Juden *interessierten sich die europäischen Juden nicht, weil sie plötzlich entdeckten, daß deutsche Juden eine Ausnahme darstellten*[238].

Die Entwicklung Österreich-Ungarns diente Arendt als Beleg ihrer Thesen. Dort wurden alle Völker antisemitisch, sobald sie sich gegen die Krone und damit gegen die Hofjuden wandten. Gerade der sozialdemagogische, staatsfeindlich-revolutionäre Antisemitismus der Alldeutschen bot im Unterschied zum christlich-sozialen Judenhaß die geistige Grundlage für imperialistische Bewegungen wie später die der Nationalsozialisten.

Frankreich hatte trotz der Dreyfus-Affäre und der antisemitischen Wende des Klerus keine nationalstaatliche Erschütterung erlebt, und auch der ausgeprägte Chauvinismus war nie national-völkisch geworden. Das Land blieb vor einer Katastrophe bewahrt, weil die Sozialisten in der entscheidenden Stunde mit ihrer eigenen antisemitischen Tradition brachen. So hat es schließlich *jener jakobinische Patriotismus, für den die Menschenrechte immer Teil des Ruhmes gerade der Nation waren und dessen letzter Vertreter Clemenceau war, vor der Schande des einheimischen Faschismus bewahrt*[243].

Alfred Dreyfus

Der moderne Antisemitismus wäre aber nach Arendts Meinung kaum so erfolgreich geworden, wenn nicht gerade in dem nicht-politischen gesellschaftlichen Bereich die Judenfrage zum Kristallisationspunkt einer untergehenden Ständeordnung geworden wäre, an deren Stelle die zunehmende materielle und gesellschaftliche Gleichheit des modernen Massenmenschen trat. Die Auffassung von Gleichheit *als das, was sie ist... nämlich als Prinzip einer politischen Organisation, innerhalb derer ungleiche Menschen gleiche Rechte haben*, ist zur Gleichheit als angeborener Eigenschaft pervertiert, nach der jedes sich unterscheidende Individuum als «anomal» angesehen wird. *Das eigentliche Abenteuer der Neuzeit in dieser Hinsicht besteht darin, daß zum ersten Mal in der Geschichte alle Menschen sich allen Menschen gegenübergestellt sehen ohne den Schutz unterschiedlicher Umstände und Lebensbedingungen. Die gefährlichen Aspekte dieses Abenteuers zeigten sich zuerst in dem modernen Rassenwahn, weil Rasse zu den natürlich gegebenen Unterschieden gehört, die durch keine nur erdenkliche Änderung und Einebnung von Umständen und Lebensbedingungen berührt werden kann. Der Rassenwahn ist unter anderem die Reaktion dagegen, daß der Begriff der Gleichheit fordert, jedermann als meinesgleichen anzuerkennen.*[240]

Philo- und Antisemiten haben die Juden zu etwas Besonderem erklärt, und die zweideutige Haltung der Umwelt gegenüber den Juden, Gleichheit und rassische Unterscheidung, allgemeine Emanzipation und besondere Ausnahme, *hat die gesellschaftliche Atmosphäre vergiftet, sie hat einen unschuldigen Verkehr zwischen Juden und Nichtjuden nahezu unmöglich gemacht, und sie hat schließlich das erzeugt, was man einen jüdischen Typus oder typisch jüdisches Verhalten bezeichnen konnte*[241], nämlich Jude zu bleiben und sich doch vom «Juden überhaupt» zu unterscheiden.

Diese *exotischen Fremdlinge*[242] vertrieben der bürgerlichen Gesellschaft die Langeweile am Vorabend des Ersten Weltkriegs, was von Proust eindrucksvoll beschrieben wurde. In den Pariser Salons wurde das Jüdischsein als das Verbotene bewundert und das Verbrechen als Laster verharmlost. Während der Dreyfus-Affäre war es von dort nur noch ein Schritt zur *hysterischen Anbetung des Verbrechens*[243].

Imperialismus

Als eine entscheidende Voraussetzung für die Entstehung totalitärer Bewegungen sah Arendt den Niedergang der Nationalstaaten mit der gleichzeitigen politischen Emanzipation des Bürgertums an. Dadurch wurde erstens die Hobbessche Philosophie als bürgerliche Weltanschauung, nach der sich die Ethik am Erfolg und der Sinn am Zufall messen, zu einem bedeutenden Faktor in der Politik. *Ausdrücklich wird der neuen Gesellschaft von ihrem größten Theoretiker vorgeschlagen, den Bruch mit allen abendländischen Traditionen zugleich zu vollziehen.*[244]

Zweitens wurden im Rahmen der wirtschaftlichen Expansion Kapital und Mob, das heißt in den Industriegesellschaften entstandener *überflüssiger Reichtum* und *menschliche Abfallprodukte*[245] in die Kolonien exportiert, die dort das unheilvolle Bündnis zwischen Imperialisten und Deklassierten, den *Allzureichen mit den Allzuarmen*[246] schlossen. Während England dieses Bündnis auf die Kolonien begrenzte, wo es zuerst in Südafrika die Macht übernahm, und Frankreich auf Grund seiner noch stark vorkapitalistischen Wirtschaftsstruktur nur in begrenztem Ausmaß überflüssige Massen produzierte, ging in Deutschland dieser Prozeß so sprunghaft vonstatten, daß er schließlich auf Grund mangelnder Exportmöglichkeiten zur vollen Herausbildung des Nazismus führte.

Noch war die Ideologie des Mob nicht-totalitär und hatte *eine verblüffende Affinität mit der politischen Weltanschauung der bürgerlichen Ge-*

sellschaft, gereinigt von aller Heuchelei[247]. Aber sie war bereits vom völkisch geprägten Rassebegriff durchdrungen, der an die Stelle der früheren Ziele der nationalen Emanzipation trat, und erhielt eine zusätzliche Stärkung durch die kolonialen Vorbilder der Burenherrschaft, der neuen britischen Herrschafts- und Organisationsprinzipien entlang rassischer Unterscheidungen und bürokratischer Ordnung und des imperialistischen Charakters der Kolonialverwalter.

Die Herrschaft der Buren in Südafrika, die sich *aus einem Volk in einen weißen Rassestamm*[248] mit einem alttestamentarischen Fanatismus verwandelt hatten und nach der Eröffnung des Suez-Kanals ohne die Entdeckung der Gold- und Diamantenlager völlig bedeutungslos geworden wären, wurde für den in Europa zurückgebliebenen Mob zum Vorbild dafür, wie man mit Hilfe Mächtiger wie Cecil Rhodes und unter Ausnutzung fremder und rückständiger Völker an die Macht gelangen kann.

In die Kolonialverwaltung wurden zwei neue Herrschafts- und Organisationsprinzipien eingeführt, der Rassebegriff für die innerpolitische Organisation der Völker *und die geregelte Unterdrückung auf dem Verordnungswege, die wir Bürokratie nennen... in welcher Verwaltung an die Stelle der Regierung, die Verordnung an die Stelle des Gesetzes und die anonyme Verfügung eines Büros an die Stelle öffentlich-rechtlicher Entscheidungen tritt, für die eine Person verantwortlich gemacht und zur Rechenschaft gezogen werden kann*[249]. Erst die Verbindung von Rassenwahn und Bürokratie unter der Naziherrschaft verdeutlichte, welches Macht- und Zerstörungspotential in beiden Elementen bereits lag.

Den imperialistischen Charakter schließlich schilderte Arendt an Hand von Kiplings Romanfiguren, Lord Cromer, dem britischen Kolonialverwalter Ägyptens, und Lawrence von Arabien. Sie liefen entweder ihren Jugendträumen oder dem Traum vom endlosen und anonymen Leben des Geheimagenten nach und paßten sich dem Mahlstrom der Geschichte und der Expansion als einem ewigen Strom *geschichtlichen Geschehens* an, *von dem keiner weiß, wohin er fließt, der zu nichts dient, der aber dem, der sich in der Stromrichtung einschifft, im Strömen die Illusion der Lebendigkeit vermittelt*[250]. Aus dieser Übereinstimmung mit dem vermeintlich unabänderlichen Gesetz entsteht die Einbildung, *daß man «nichts Unrechtes tun» könne (Rhodes), daß das, was auch immer man tue, recht wird*[351], die später das Denken von Schreibtischtätern und Mitläufern prägen sollte.

Im Unterschied zum überseeischen Imperialismus des staatstragenden Kapitals, so Arendt, trug der kontinentale Imperialismus unter Führung des Mobs und in Gestalt der pangermanischen und panslawischen Bewegung mit seiner Staats- und Parteienfeindschaft entscheidend zur Herausbildung totalitärer Bewegungen bei. Die treibende Kraft war, besonders in den Vielvölkerstaaten, ein völkischer Nationalismus, der den staatsfeindlichen Antisemitismus integrierte, den Anspruch auf weltanschauliche Prägung des gesamten menschlichen Lebens erhob und erfolgreich die Legitimationskrise der Parteien für die eigenen Ziele nutzte. *Die totalitären Bewegungen schließlich, die von den Imperialisten die Partei- und von den Panbewegungen die Staatsfeindschaft übernahmen, aber deren positiven Ziele, das Reich oder die völkisch verstandene Volksgemeinschaft, nur noch zu Zwecken der Propaganda benutzten, stellten sich für die Organisation von Massen in einer Massengesellschaft als allen anderen überlegen heraus.*[252]

Schließlich schuf der Erste Weltkrieg in einem bis dahin unbekannten Ausmaß rechtlose Minderheiten in den mittelost- und südosteuropäischen Ländern und zahllose Flüchtlinge und Staatenlose, die nicht nur die Wirksamkeit des modernen Menschenrechtsbegriffs in Frage stellten, sondern vor allem die Vorläufer der systematisch überflüssig gemachten und ausgerotteten Menschen waren. Der Verlust der Menschenrechte findet nicht dann statt, wenn dieses oder jenes Recht, das gewöhnlich unter die Menschenrechte gezählt wird, verlorengeht, sondern nur, wenn der Mensch den Standort in der Welt verliert, durch den allein er überhaupt Rechte haben kann und der die Bedingung dafür bildet, daß seine Meinungen Gewicht haben und seine Handlungen von Belang sind.[253] Deshalb hob Arendt hervor, daß nur das über den Nationen stehende Recht, Rechte zu haben und einer Gemeinschaft angehören zu können, die Menschheit vor einer erneuten Barbarei bewahren kann.

Totalitäre Bewegungen und totale Herrschaft

Totalitäre Bewegungen sind Massenbewegungen, und sie sind bis heute die einzige Organisationsform, welche die modernen Massen gefunden haben und die ihnen adäquat scheint.[254] Sie waren bislang nur in großen Staaten möglich, in denen zugleich mit der Auflösung der Klassen- in die Massengesellschaft auch das traditionelle Parteiensystem erschüttert wurde. Die Massen entstanden neben den Parteien, hatten alle Bindungen und gemeinsamen Interessen verloren und zeigten eine auffallende Selbstlosigkeit und Desinteressiertheit am eigenen Geschick. Ihre Grunderfahrung war die existentielle Verlassenheit, in der *Selbst und Welt, und das heißt echte Denkfähigkeit und echte Erfahrungsfähigkeit zugleich zugrunde* gehen[255]. Darin lag für Arendt der Kern der Krise. Hitler fand schon bei seinem Machtantritt die weitgehende Zerstörung aller nicht-politischen Beziehungen zwischen den Menschen vor, während Stalin sie erst noch durch eine systematische Politik der Zerstörung der Klassen, auch der Arbeiterklasse, herbeiführen mußte.

Vorreiter dieser Entwicklung waren seit dem moralischen Verfall während des Ersten Weltkriegs und der Erschütterung der gesellschaftlichen Verhältnisse Angehörige des Mobs und die geistig-künstlerische Elite, die in *einer Art Bombenexpressionismus*[256] zueinanderfanden und sich daran ergötzten, wie *die Unterwelt die gute Gesellschaft zwang, mit ihr auf gleichem Fuß zu verkehren*[257].

Mit dem Machtantritt der Massen wurden Mob und Elite durch den Röhm-Putsch bzw. die Moskauer Prozesse beseitigt. Nun gab es zwischen den isolierten Individuen und den Führern keine Hindernisse mehr. Die *Bewegungssüchtigkeit totalitärer Bewegungen*[258] und nicht mehr Hierarchie oder Autorität band sie aneinander.

Die Stützen dieser Bewegung vor und nach dem Machtantritt waren Ideologie und Terror. Die gezielte Propaganda errichtete eine fiktive Welt ewiger zweck- und sinnloser Prozesse, in der die totalitäre Gegengesellschaft ihre Mitglieder mit einem abgestuften System von Frontorganisationen und paraprofessionellen Gruppen *gegen den Schock einer noch intakten Außenwelt*[259] schützte. Es ist deshalb kein Wunder, daß nach dem Zusammenbruch dieser Organisation so überraschend schnell auch die Ideologie verschwand und die Deutschen zum zweitenmal innerhalb weniger Jahre eine fundamentale Kehrtwendung vollzogen. *Terror bleibt grundsätzlich die Herrschaftsform totalitärer Regierungen, wenn seine psychologischen Ziele längst erreicht sind; das wirkliche Grauen setzt erst ein, wenn Terror eine vollkommen unterworfene Bevölkerung beherrscht.*[260] Nicht zufällig wurde deshalb zunächst die Volksgemeinschaftsideologie zugunsten der Rassenideologie aufgegeben und später jegliche Ideologie zugunsten des offenen Terrors.

Im Vergleich mit anderen Staatsformen ist die totalitäre ein völlig neuartiges Phänomen und kann weder mit Tyrannei noch einem autoritären Regime verglichen werden. Im Unterschied zur autoritären Herrschaftspyramide und der Tyrannei des einzelnen Herrschers über seine gleichermaßen machtlosen Untertanen erschien Arendt *das passende Bild für eine totalitäre Herrschaft und Organisation wie eine Zwiebelstruktur... in deren Mitte, in einer Art leerem Raum, der Führer angesiedelt ist... All die außerordentlich vielfältigen Bestandteile der Bewegung, die Frontorganisationen, die verschiedenen Berufsorganisationen, die Parteimitgliedschaft, die Parteihierarchie, die Eliteformationen und Polizeigruppen sind so miteinander verbunden, daß jede von ihnen in die eine Richtung als Fassade und in die andere als Mittelpunkt erscheint, d. h. für die eine Schicht die Rolle einer normalen Außenwelt und für die andere die des radikalen Extremismus spielt.*[261] Dabei wurden der Staat zur Fassade der Partei und die Massen zu Sympathisanten, das heißt aber auch zu Komplicen späterer Verbrechen gemacht. In Anlehnung an Montesquieus Lehre von den Herrschaftsformen beschrieb Arendt das Wesen des Totalitarismus als Terror und sein Prinzip als ideologische Präparierung der Opfer. Die totale Herrschaft kehrt sich von aller Erfahrung und dem gesunden Menschenverstand ab, sie ist *die Tyrannei der zwangsläufigen Schlußfolgerung, die unser Verstand jederzeit über uns loslassen kann, ist der innere*

Einfahrt zum Konzentrationslager Auschwitz-Birkenau

Zwang, mit dem wir uns selbst in den äußeren Zwang des Terrors einschalten und uns an ihn gleichschalten[262]. Während unter der Tyrannei der politische Raum einer Wüste gleicht, in der sich aber die Menschen noch frei bewegen können, scheint es nun, *als sei das Mittel gefunden worden, die Wüste selbst in Bewegung zu setzen, einen Sandsturm loszulassen, daß er sich auf alle Teile der bewohnten Erde legt*[263].

Die Konzentrations- und Vernichtungslager dienten schließlich dem experimentellen Beweis, *ob der fundamentale Anspruch der totalitären*

Systeme, daß Menschen total beherrschbar sind, zutreffend ist... Sie waren *das richtungsweisende Gesellschaftsideal für die totale Herrschaft überhaupt*[264], das *den Erfahrungen moderner Massen von ihrer eigenen Über-
flüssigkeit in einer übervölkerten Welt und der Sinnlosigkeit dieser Welt
selbst* als einem Ort entsprach, *wo jede Handlung und jede menschliche
Regung prinzipiell sinnlos ist, wo mit anderen Worten Sinnlosigkeit direkt
erzeugt wird.*[265]

Der Krieg sollte diesen Prozeß beschleunigen. Es war ein verhängnisvoller Irrtum sowohl der Alliierten, das nicht erkannt zu haben, als auch
der Pazifisten nach dem Ersten Weltkrieg, *auf der Gleichsetzung von
Krieg mit reinem Abschlachten* bestanden zu haben. Denn die Nazis konnten sich ihnen im umgekehrten Sinne anschließen: *Sie billigten offen alle
Mordarten, und Krieg war eine von ihnen.*[266]

Hannah Arendt hielt ihre Theorie grundsätzlich auch für die Stalin-
Herrschaft für zutreffend, wenngleich ihrer Ansicht nach *moralisch, nicht
gesellschaftlich, das Nazi-Regime viel extremer als das Stalin-Regime in
seiner schlimmsten Zeit war*[267]. Sie warnte aber immer wieder vor einem
zu leichtfertigen Gebrauch des Begriffs «Totalitarismus»; denn dadurch
könnten tatsächlich totalitäre Entwicklungen wie zum Beispiel 1966 die
für sie besorgniserregende Entstehung der chinesischen Kulturrevolution
in ihrer qualitativ neuen Bedeutung nicht erfaßt werden.

Bruch der Tradition und Vita activa

Während sich Arendt in ihrer Analyse des Totalitarismus auf die Beschreibung seiner wesentlichen Bestandteile konzentrierte, richtete sie in
Vita activa oder Vom tätigen Leben (1958) ihren Blick auf die anthropolo-
gischen und historischen Voraussetzungen, die ihn überhaupt erst ermöglichten: den Niedergang der vita contemplativa und den Verlust jeglicher
Vorstellung von freiem Handeln. Zugleich entwickelte sie hier ihre
grundsätzlichen Auffassungen vom Weltbezug des Menschen durch ge-
meinschaftliches politisches Handeln.

In einer Reihe von Aufsätzen, ursprünglich Fragmenten einer geplanten
«Einführung in die Politik», die teilweise in *Fragwürdige Traditionsbestände im politischen Denken der Gegenwart* (1957) veröffentlicht wurden,
beschrieb Arendt, wie einerseits die Philosophie in der Neuzeit unfähig
geworden war, der Politik Hilfestellungen zu geben, und andererseits politisches Handeln und Urteilen auf keinerlei gültige Traditionen mehr zurückgreifen konnten und deshalb in der entscheidenden Stunde versagten.
Für den Bruch der Tradition machte Arendt das 19. Jahrhundert mit
seinem *Meinungs- und Weltanschauungschaos*[268] verantwortlich. An die

Stelle der Aufklärung trat das Bildungsphilistertum, an die Stelle des Lessingschen Selbstdenkens traten Historismus und Lebensphilosophie.

Die spezifische römische Grundlage der westlichen Politik, die Dreieinigkeit von Autorität, Tradition und Religion im jeweils ursprünglichen Sinne, brach auseinander. *Sofern Vergangenheit als Tradition überliefert ist, hat sie Autorität, sofern Autorität sich geschichtlich darstellt, wird sie zur Tradition.*[269] Ohne Autorität gibt es keine Freiheit, ohne Tradition keine Weitergabe von Erfahrungen, aus denen Denk- und Urteilskriterien gewonnen werden; das Vergangene wird vergessen. Bricht eines dieser Elemente zusammen, so werden die anderen unweigerlich mit betroffen. *So war es Luthers Irrtum, zu meinen, daß seine Herausforderung der weltlichen Autorität der Kirche Tradition und Politik intakt lassen könnte; wie es der Irrtum Hobbes' und der politischen Theorien des 17. Jahrhunderts war, zu hoffen, daß man Autorität und Religion ohne Tradition intakt belassen und sogar neu begründen könnte; wie es schließlich der Irrtum der Humanisten war, zu denken, man könne innerhalb einer ungebrochenen Tradition der abendländischen Zivilisation bleiben ohne Religion und Autorität.*[270]

Die Tradition des politischen Denkens, die mit Platon begann, freilich auch schon seit dem Prozeß gegen Sokrates den Konflikt zwischen Philosophie und Politik kannte, ging mit Marx zu Ende. *Es ist, als hätte Marx, ähnlich wie Kierkegaard und Nietzsche, den verzweifelten Versuch gemacht, entgegen der Tradition zu denken und dabei doch ihre begrifflichen Werkzeuge zu benutzen.*[271]

Hannah Arendt wandte sich zur Kritik der neuzeitlichen Entwicklung der griechischen Polis und den unabhängigen Denkern Sokrates, Cicero, Augustinus, Machiavelli und Kant zu – nicht in konservativer Absicht, sondern um *die große Chance* zu nutzen, *auf die Vergangenheit mit einem von keiner Überlieferung getrübten Blick zu schauen*[272]. Schon 1840 hatte Tocqueville eine neue politische Wissenschaft gefordert, weil *die Vergangenheit ihre Zukunft nicht mehr erhellt* und folglich *der Geist im Dunkeln*[273] tappt. Damit folgte Arendt Heideggers und Benjamins Erkenntnis, *daß an die Stelle der Tradierbarkeit ihre Zitierbarkeit getreten war*[274]; der Zurückblickende wird dabei zum geistigen Perlentaucher.

In das Zentrum ihrer Betrachtung über die *Vita activa* stellte sie die völlige Umwertung der menschlichen Tätigkeiten. Der traditionelle Vorrang des Sehens und Denkens über das Tun, der vita contemplativa über die vita activa, verwandelte sich unter dem Eindruck des Aufstiegs der modernen Wissenschaften radikal in sein Gegenteil. Nun diktierte nicht mehr die Vernunft dem Handeln, sondern das Tun dem Erkennen die Regeln.

Ihre Ausgangsfrage *Was tun wir, wenn wir tätig sind?* sparte das Denken *als das höchste und vielleicht reinste Tätigsein*[275] und damit den ganzen Bereich der vita contemplativa aus. Vielmehr ging es ihr darum, die tätig betriebene *neuzeitliche Weltentfremdung in ihrem doppelten Aspekt: der Flucht von der Erde in das Universum und der Flucht aus der Welt in das Selbstbewußtsein, in ihre Ursprünge zu verfolgen*[276] und mit dem Welt- und Politikverständnis der Polis zu konfrontieren. Dabei folgte sie dem aristotelischen Menschenbild des «bios politikos» und «zōon logon echōn», des mit Vernunft ausgestatteten Lebewesens, dessen eigentlich politische Tätigkeiten in Handeln (praxis) und Reden (lexis) und nicht in Machtausübung oder gar Gewaltanwendung bestehen.

Die menschliche Existenz wird, abgesehen von den natürlichen und vom Menschen geschaffenen Dingen, dadurch bedingt, daß der Mensch ein geselliges Wesen ist und Wirklichkeit nur in einer gemeinsamen Welt erfährt; daß sein Leben durch Geburt und Tod begrenzt wird, die den natürlichen Kreislauf der ewigen Wiederkehr durchbrechen, wobei die Gebürtigkeit des Menschen in Anlehnung an Augustinus *die ontologische Voraussetzung dafür* ist, . . . *daß es so etwas wie Handeln überhaupt geben kann*[277], denn *der Neubeginn, der mit jeder Geburt in die Welt kommt, kann sich in der Welt nur darum zur Geltung bringen, weil dem Neuan- kömmling die Fähigkeit zukommt, selbst einen neuen Anfang zu ma- chen*[278]. *Andererseits können die Bedingungen menschlicher Existenz – das Leben selbst und die Erde, Natalität und Mortalität, Wirklichkeit und Pluralität – niemals «den Menschen» erklären oder Antwort auf die Frage geben, was und wer wir sind, und zwar aus dem einfachen Grunde, weil keine von ihnen absolut bedingt.*[279]

Von hier aus unterteilte Arendt die menschlichen Grundtätigkeiten in *Arbeiten* als biologischen Prozeß, deren Grundbedingung das Leben selbst ist, *Herstellen* als Produzieren einer künstlichen Welt dauerhafter und von der Natur geschiedener Dinge, die dem Menschen eine Heimat bieten, und dessen Grundbedingung eine Weltlichkeit des Menschen und sein Angewiesensein auf Gegenstände ist, und *Handeln* als einzige Tätig- keit der vita activa, *die sich ohne Vermittlung von Materie, Material und Dingen direkt zwischen Menschen abspielt. Die Grundbedingung, die ihr entspricht, ist das Faktum der Pluralität, nämlich die Tatsache, daß nicht ein Mensch, sondern viele Menschen auf der Erde leben und die Welt bevöl- kern.*[280] Die entsprechenden geistigen, von Arendt nicht mehr näher un- tersuchten Tätigkeiten sind Logik, wissenschaftliche Erkenntnis und zweckfreies Denken.

Der radikale Widerspruch zwischen der neuzeitlichen und der antiken griechischen Auffassung von den menschlichen Tätigkeiten äußert sich in dem unterschiedlichen Verständnis von öffentlich und privat. In der Polis stand der öffentliche Raum im Widerspruch zum privaten Haushalt wie die Freiheit zur Notwendigkeit und das Handeln zum Arbeiten. Der pri- vate Bereich als Ort der Herrschaft und Gewalt des Familienvaters und Sklavenhalters war die Voraussetzung für eine freie Betätigung, wobei *Freisein hieß weder Herrschen noch Beherrschtwerden*[281], sondern Frei-

Symposion. Attische Schale, Anfang des 5. Jahrhunderts v. Chr.

heit unter Gleichen. Er garantierte andererseits aber den Menschen auch einen festen Platz in der Welt der Agrargesellschaft. *Daher galt das Leben des Sklaven, der wohl Besitz, aber kein Eigentum haben konnte, als ein des Menschen unwürdiges, als ein unmenschliches Leben.*[282]

Die moderne «Gesellschaft» zerstörte sowohl den privaten als auch den öffentlichen Raum, indem sie den privaten Bereich öffentlich machte und den öffentlichen zu einem *Familienkollektiv, das sich ökonomisch als eine gigantische Über-Familie versteht und dessen politische Organisationsform die Nation bildet*[283]. An die Stelle des Familienoberhaupts trat *die Herrschaft des Niemand*[284], der Bürokratie, an die Stelle des Handelns der Konformismus des Sich-Verhaltens, an die Stelle der Unvorhersehbarkeit des handelnden Neubeginns die statistische Berechenbarkeit, an die Stelle der Pluralität die einheitliche «öffentliche Meinung» und an die

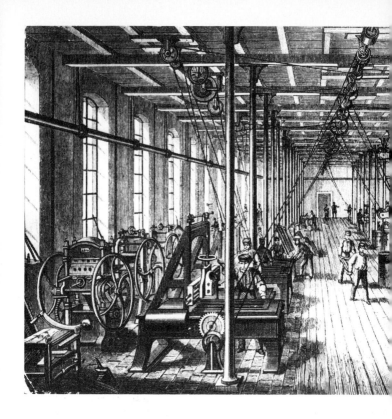

Stelle hervorragender Leistungen im Sinne von «areté», bzw. «virtus», die Durchschnittlichkeit. Das subjektive Fühlen und private Empfinden wurde zum maßlosen, reinen Selbst-Interesse gesteigert.

Die Auseinandersetzung mit dem *Arbeiten* war für Arendt vor allem eine Auseinandersetzung mit Marx, dessen eigentliche Bedeutung für Arendt in der besonderen Betonung der zwei hauptsächlichen Probleme der Neuzeit lag, der Arbeit und der Geschichte. *Marx' blasphemisch gemeinte Formulierung, daß die Arbeit (und nicht Gott) den Menschen erschaffen habe, oder daß die Arbeit (und nicht die Vernunft) ihn von allen anderen Tieren unterscheide, spricht nur in schockierender Radikalität aus, worüber sich die gesamte Neuzeit im Grunde einig war.*[285]

Arbeit ist ein endloser, völlig weltloser Prozeß, der sich durch die Produktivität als solche und nicht die Produkte auszeichnet, die Konsumgüter als Produkte dieser Tätigkeit sind vom Standpunkt der Weltlichkeit aus am wenigsten dauerhaft. Nicht die Warenproduktion, sondern die

*In einer
Maschinenfabrik,
1873*

Umwandlung der Werktätigkeit, des Herstellens in Arbeit, ist das entscheidende Merkmal der neuzeitlichen Gesellschaft.

Das Prozeßdenken der Arbeit entwertete alle anderen Tätigkeiten als unproduktive Arbeit und begünstigte eine Lebensphilosophie, die die menschliche Freiheit der biologischen Zwangsläufigkeit opferte.

Die Zukunft der Arbeit lag nicht nur bei Marx in *einer unerträglichen Alternative zwischen produktiver Knechtschaft und unproduktiver Freiheit*[286], sondern wird auch mit der fortschreitenden Automation nur zu einem erhöhten Konsum von Freizeit und Kultur führen. Die Befreiung von Arbeit stellt nicht die gemeinsame Welt wieder her, sondern wird noch mehr das *akute, virulente Unglücklichsein* verstärken, das durch das *zutiefst gestörte Gleichgewicht zwischen Arbeit und Verzehr, zwischen Tätigsein und Ruhe*[287] verursacht wird.

Im Unterschied dazu bewegt sich das *Herstellen* nicht in der Scheinwelt von Arbeitsprozessen, sondern in einer dinghaften Umgebung und ist nicht von Funktionalismus und Prozeßdenken, sondern von Utilitarismus und mechanistischem Denken geprägt. Auf dem Tauschmarkt findet der Homo faber seinen weltlichen Bezug, wenngleich auch nur durch seine Produkte. Deshalb ist er *genau so unfähig, Sinn zu verstehen, wie das Animal laborans, d. h. daß der Mensch, sofern er ein arbeitendes Lebewesen und nichts anderes ist, unfähig ist, Zweckhaftigkeit zu verstehen*[288]. Aus diesem Grund wurde in der Polis *das gesamte Gebiet der Herstellung, des Handwerks und der bildenden Künste, wo keine Tätigkeit um ihrer selbst willen vor sich geht, und jeder Handgriff schon ein Mittel für einen Zweck darstellt, unter das Verdikt des Banausischen gestellt und der Verachtung preisgegeben*[289].

Nur im *Handeln* entsteht eine gemeinsame Welt und ist Sinn erfahrbar. Wirklichkeit erscheint nur in diesem Raum, die Wahrheit, aletheia im Heideggerschen Sinn, enthüllt sich durch das Zusammenwirken der vielfältigen Meinungen. *Handelnd und sprechend offenbaren die Menschen jeweils wer sie sind*[290], nicht im Füreinander der christlichen tätigen Güte oder im Gegeneinander des Verbrechens, die beide nicht in der Öffentlichkeit geschehen können, sondern einzig im Miteinander. Nicht persönlicher Erfolg, sondern der «Ruhm Athens» ist das Ziel des Handelns.

Das gemeinsame Handeln hat unabsehbare Folgen und ermöglicht daher keine einheitliche oder gar voraussehbare Geschichte, auch wenn sie rückblickend wie zwangsläufig erscheint, sondern stellt vielmehr das *unendlich erweiterbare Geschichtenbuch der Menschheit*[291] dar. Erst am Lebensende *ergeben sich wieder klar erkennbare Muster, bzw. ... ist die Lebensgeschichte erzählbar*[292], in der sich, wie zum Beispiel bei Brecht, Benjamin und Kafka, die Grundprobleme der Moderne zeigen. Mit der Geschichte bewahrt der Mensch das nicht-gegenständliche Geschehen vor dem Vergessen und *alles Leid kann ertragen werden, wenn man es in eine Geschichte kleidet*[293]. Wir *können unsere Menschenwürde von diesem modernen Götzen, der da Geschichte heißt, zurückfordern*[294], wenn wir uns in der Beurteilung des Geschehenen von Catos Ausspruch leiten lassen: «Vitrix causa diis placuit sed victa Catoni. – Die siegreiche Sache gefiel den Göttern, die unterlegene aber gefällt Cato.» *Das ist republikanische Gesinnung*[295] und zugleich der einzige Weg zu politischen Maßstäben, die sich nach Arendts Auffassung nur von der Kraft positiver Vorbilder leiten lassen können.

In diesen politischen Raum gelangen aber nur jene, die die Initiative ergreifen, *die schwerelose Belanglosigkeit ihrer persönlichen Angelegenheiten zu verlassen, sich wie zum Beispiel die französischen Widerstandskämpfer im Zweiten Weltkrieg aller Masken zu entledigen und zu sich selber zu finden, weil sie zu «Herausforderern» geworden waren, die die Initiative ergriffen und, ohne es zu wissen oder überhaupt zu bemerken, begonnen hatten, diesen öffentlichen Raum zwischen ihnen zu schaffen, in dem Freiheit erscheinen konnte*[296].

Der politische Raum wird besonders durch das Verdrängen des Handelns durch das Herstellen bedroht – wenn die Pluralität einem einheitlichen Willen, seit Platon der philosophischen Weisheit oder seit Beginn der Neuzeit der Gewalt zur Verwirklichung von Gesellschaftsutopien, unterworfen werden soll, oder jedes Mittel zur Erlangung von jenseits der Politik liegenden Zielen gerechtfertigt wird, *im Altertum des Schutzes des Guten vor der Herrschaft des Schlechten im Allgemeinen und des Schutzes des Philosophen vor der Herrschaft des Mob im Speziellen, im Mittelalter des Seelenheils, in der Neuzeit der Produktivität und des Fortschritts der Gesellschaft*[297]. Deshalb ist auch die Freiheit nicht gleichbedeutend mit Souveränität, denn *der Handelnde bleibt immer in Bezug zu anderen Handelnden und von ihnen abhängig; souverän ist er gerade nicht*[298].

Der politische Raum kann nur durch die republikanische Gewaltenteilung im Sinne Montesquieus wirkungsvoll geschützt werden; sie bedarf aber gegenüber der alles erdrückenden Last der Vergangenheit und der Ungewißheit der Zukunft, das heißt der Unwiederbringlichkeit bzw. der Unabsehbarkeit menschlicher Handlungen, der von Arendt nur selten erwähnten und im existentiellen Sinn verstandenen Moral: *Wenn wir unter Moral mehr verstehen dürfen als die Gesamtsumme der «mores», der jeweils geltenden Sitten und Gebräuche, die als solche sich natürlich historisch dauernd wandeln und von Land zu Land verschieben, so kann Moral sich jedenfalls im Feld des Politischen auf nichts anderes berufen als die Fähigkeit zum Versprechen und auf nichts anderes stützen als den guten Willen, den Risiken und Gefahren, denen Menschen als handelnde Wesen unabdingbar ausgesetzt sind, mit der Bereitschaft zu begegnen, zu vergeben und sich vergeben zu lassen, zu versprechen und Versprechen zu halten.*[299] Nur wo Versprechen gehalten werden, ist freies Handeln möglich, und nur, wo verziehen wird, ein Neubeginnen. Im Unterschied zum Urteil, das Gleichheit vor dem Gesetz erfordert, und zu Kants gnadenlosem Kategorischen Imperativ *besteht die Gnade umgekehrt auf der Ungleichheit der Menschen – auf einer Ungleichheit, die macht, daß ein jeder Mensch mehr ist als alles, was er tut oder denkt*[300].

Die Fähigkeit des Verzeihens wird durch die aristotelische «philia politiké», die politische Freundschaft der Bürger auf der Grundlage öffentlichen Respekts und nicht privater Liebe, möglich. Sie schließt sowohl die polemische Auseinandersetzung als auch die selbstverständliche Möglichkeit zur Änderung der eigenen Meinung ein. Die Fähigkeit zum Versprechen äußert sich in der Konsensbildung der Vielen und der vertraglichen Begründung einer Staatsform. Besonders diese Auffassung von einer interessefreien Machtbildung ist bei Habermas auf Kritik gestoßen.[301] Alle Handlungen müssen nach Arendt grundsätzlich wieder rückgängig, wiedergutgemacht werden können. Gerade die Handlungen des «Dritten Reichs» aber sind nicht wiedergutzumachen, *die hätten nie geschehen dürfen*[302], und auch die modernen Naturwissenschaften sind auf

Die Entdeckung der Sphären. Holzschnitt aus « L'atmosphère météorologie populaire » von Camille Flammarion, Paris 1888

dem besten Wege, den Handlungsspielraum künftiger Generationen entscheidend einzuschränken.

Hinsichtlich der historischen Entwicklung dieses Wertewandels hielt Arendt die Entdeckung Amerikas und die Reformation, besonders aber die Erfindung des Teleskops für die entscheidenden Ursachen. Der Verlust der gewohnten Maßstäbe führte zur Glaubenskrise, und das philosophische Staunen der Antike wich den Descartesschen Zweifeln an den menschlichen Sinnesfähigkeiten. Der archimedische Punkt lag von nun an im Menschen selber, der sein eigener und der Welt Schöpfer wurde. In den Wissenschaften sank die Vernunft zu einer Fähigkeit des Schlußfolgerns, zu einem *Spiel des Verstandes mit sich selbst*[303] herab, so daß der Gemeinsinn verkümmerte. Denken und Handeln wurden von einer neuartigen Vorstellung von «Theorie» und «Praxis» ersetzt, das utilitaristische und mechanistische Weltbild des Homo faber prägte die Geschichts- und Staatswissenschaft von Vico und Hobbes und begünstigte den Einzug von Gewalt und Utopien in die Politik. Die Philosophie zog sich in die subjektive Welt der Erkenntnistheorie und Bewußtseinspsychologie zurück.

In der modernen Arbeitsgesellschaft verdrängte das Prozeßdenken die Religion zugunsten der Geschichte und machte die Naturwissenschaften zur Universalwissenschaft, *die die Prozesse des Weltalls in die Natur hineinleitet trotz des offenbaren Risikos, ihren Haushalt und damit das Menschengeschlecht selbst, das in diesem Haushalt gebannt ist, zu vernichten*[304]. Es ermöglichte die nihilistische Wissenschaftsauffassung des «alles ist erlaubt».

Die bisher letzte Phase dieser Entwicklung, die Gesellschaft der Jobholder, läßt es denkbar erscheinen, *daß die Neuzeit, die mit einer so unerhörten und unerhört vielversprechenden Aktivierung aller menschlichen Vermögen und Tätigkeiten begonnen hat, schließlich in der tödlichsten, sterilsten Passivität enden wird, die die Geschichte je gekannt hat*[305].

Revolution und politische Neugründungen

Nach der kategorialen Beschreibung des politischen Handelns wandte sich Arendt nun den Erfahrungen mit einem solchen Handeln in der Neuzeit zu: *«Die Geschichte der Revolution, vom Sommer 1776 in Philadelphia und dem Sommer 1789 in Paris bis zum Herbst 1956 in Budapest, die politisch die innerste Geschichte der Neuzeit ausbreitet, könnte in Parabelform als Erzählung von einem uralten Schatz berichten, der unter den unterschiedlichsten Umständen plötzlich und unerwartet erscheint und unter anderen mysteriösen Bedingungen wieder verschwindet, als ob er eine Fata Morgana wäre.*[306] Er enthält die selten in Erscheinung tretende *Erfahrung des In-Freiheit-Handelns*[307]. Wann es auftritt und welche Bedingungen nötig sind, um es dauerhaft zu etablieren, beschrieb Arendt an Hand des Vergleichs der französischen mit der amerikanischen Revolution.

Beide wandten sich, wie zuvor schon Machiavelli, der *Vater der modernen Revolution*[308], der Antike zu, um im Sinne des re-volvere die eigene Zukunft zu gestalten, und konnten dadurch *wie ein gigantischer Versuch erscheinen, mit den Mitteln der Tradition selbst den gerissenen Faden der Tradition wieder neu zu knüpfen; sie wirkten gleichsam wie das einzige Rettungsmittel, das gerade diese römisch-abendländische Tradition für Krisenzeiten vorgesehen hat*[309], um sich gegen den Machtmißbrauch des Absolutismus und der englischen Krone zu wehren und die Bürgerrechte für den «citoyen»/«citizen» zu garantieren.

Aber nur wo die Befreiung von Zwang zur politischen Gründung von Freiheit fortschreitet, *nur wo dieses Pathos des Neubeginns vorherrscht und mit Freiheitsvorstellungen verknüpft ist, haben wir das Recht, von Revolution zu sprechen*[310]. Hierin unterschied sich gerade die amerikanische als politische von der französischen als einer sozialen Revolution; sie stellte das Verfassungsdenken der Gründungsväter dem «Volonté Générale», die Republik der Nation und die Herrschaft der Gesetze dem Souverän gegenüber. Die Republik als *Herrschaft der Gesetze und nicht der Menschen* (Harrington) stellt erst die Gleichheit der von Natur aus unvergleichlichen und damit ungleichen Menschen her.

Die Ursache für die unterschiedliche Entwicklung beider Revolutionen sah Arendt darin, daß die Französische Revolution die soziale Frage durch die Politisierung des Massenelends lösen wollte, statt dessen aber im «Volonté Générale» der «Enragés» und schließlich im Terror endete. Wo politische Tugenden aus dem Mitleid abgeleitet werden, ist es um die Pluralität und Freiheit der Menschen geschehen. *Eine moralische Haltung in der Politik neigt dazu, moralische Rechtfertigungen für Verbrechen zu liefern*[311]; das absolut Gute zu wollen, erweist sich als genauso gefährlich, wie das absolut Böse. Beide *stehen gleichermaßen außerhalb der Gesellschaft... Die Tragödie besteht darin, daß das Gesetz für Menschen gilt und weder für Engel noch für Teufel... Alle Gesetze und alle «dauerhaften Institutionen» scheitern nicht nur, wenn wir dem radikal Bösen ausgesetzt sind, sondern auch unter der schieren Gewalt absoluter Unschuld*[312], wie sie eindringlich in Melvilles «Billy Budd» und in Dostojevskijs Erzählung vom Großinquisitor in den «Brüder Karamasow» geschildert wird. Montesquieu forderte deshalb auch die Begrenzung der Tugenden, weil sie *als Mächte und nicht als bloße Qualitäten*[313] im politischen Raum wirken. Die Geschichte der Revolutionen und der kommunistischen Parteien beweisen denn auch, *daß die Menschenwelt durch eine gute Handlung um eines bösen Zweckes willen besser und durch eine böse Handlung um eines guten Zweckes willen erst einmal notwendig böser wird*[314] und sich auch durch die Hegelsche Dialektik *Gutes nicht in Böses und Böses nicht in Gutes verwandelt*[315].

Die Französische Revolution hatte weder das Massenelend beseitigt noch ein positives Verhältnis des Volkes zu einer der verschiedenen französischen Verfassungen geschaffen, sondern allenfalls den fatalen Glauben in Europa an die unaufhaltsame Kraft des Geschichtsprozesses geweckt. In diesem Licht sah Arendt auch skeptisch die Erfolgschancen von Dritte-Welt-Revolutionen.

Ganz anders waren dagegen die Ausgangsbedingungen und der Verlauf der amerikanischen Revolution. Im Unterschied zu den europäischen Völkern hatten sich die nordamerikanischen Siedler schon vor der Revolution weitgehend von der Armut befreit, in ihren Gemeinden ein ausgeprägtes Bewußtsein für Recht und Macht entwickelt und mehr Interesse an Machtbegrenzung als an Machtkonstitution wie in Frankreich gezeigt; sie hatten sich weder von Leidenschaften noch von Theorien, sondern allein von ihren Erfahrungen leiten lassen, die sich vor allem in Madisons Positionen während der Verfassungsdiskussionen unmittelbar vor 1789 niederschlugen («Federalist Papers»). Daß es dann auch zu den *zweifellos*

George Hamilton (links, neben George Washington)

größten zukunftsträchtigen Errungenschaften der Amerikanischen Revolution gehörte, *den Anspruch der Macht auf Souveränität im politischen Körper der Republik zu eliminieren*[316], der immer auf die Gewaltherrschaft eines Tyrannen hinausläuft, ist der echten Gründung der Freiheit zu verdanken, die die amerikanische Verfassung im Unterschied zu den europäischen des 19. Jahrhunderts und der ersten Hälfte des 20. Jahrhunderts darstellte. Dadurch konnte sie bislang auch noch allen ernsthaften Anfechtungen der Massengesellschaft widerstehen.

Wie Machiavelli haben sich die Gründungsväter der römischen Republik zugewandt und deren Kernstück, die «potestas in populo», den Sitz aller Macht beim Volk, und die «auctoritas in senatu», die beratende,

James Madison

Thomas Jefferson

aber nicht bindende Rolle des Senats als Verbindung von Macht und Autorität, übernommen. *Sie gingen... von höchst originellen Einsichten in die Rolle der Meinungsbildung im Staatsapparat aus, als sie beschlossen, das Unterhaus, in welchem «die Vielheit der Interessen» ihre legitime Repräsentation findet, durch ein Oberhaus zu ergänzen, das ausschließlich der Meinungsrepräsentation dienen sollte.*[317] Dabei orientierten sie sich im Unterschied zu den französischen Revolutionären an Montesquieu und gaben der Justiz eine besondere Rolle, um die Gewalten zu teilen, der Republik aber zugleich die höchste Autorität zu verleihen. Im Unterschied zur «Volonté Générale» und der von ihr verbleibenden Vorstellung einer nivellierenden «öffentlichen Meinung» stellten diese *beiden Errungenschaften der Revolution*, die *Errichtung permanenter Institutionen für Meinungsbildung im Senat und für Urteilsbildung im Höchsten Gerichtshof*[318], einen tatsächlichen Beitrag zur politischen Wissenschaft dar, der unmittelbar aus der Erfahrung stammte. Die herausragende Bedeutung der Verfassung legitimierte zugleich die Revolution.

Bei dem Mayflower-Pakt der Siedler und den nachfolgenden *unzähligen ähnlichen Pakten und Bünden*, die durch nichts anderes hielten als das *Vertrauen auf die Kraft gegenseitiger Versprechen*[319], stieß Arendt auf einen *Machtbegriff, den die Revolution nahezu automatisch zutage förderte*[320] und der nun ihre abstrakten Ausführungen in *Vita activa* konkretisierte. Der spezifische Gesellschaftsvertrag, *in dem Macht aus dem Versprechen entsteht, enthält in neuer Form sowohl das altrepublikanische Prinzip der potestas in populo und implizite die Negation des Herrschaftsprinzips... als auch das föderative Prinzip*[321] und ähnelt damit viel mehr der römischen «societas» als der Machtabgabe an den absolutistischen oder nationalstaatlichen Herrscher.

Gerade wegen der idealtypischen Darstellung der nordamerikanischen Revolution sparte Arendt nicht mit konkreter Kritik an der Entwicklung der USA: Die Revolutionserfahrungen gerieten nicht zuletzt auf Grund der *Aversion gegen begriffliches Denken*[322] in Vergessenheit, die republikanischen Grundlagen wurden von allen Parteien verletzt, und das zaghafte Ziel des «Public Happiness», gerade unter dem Aspekt seiner Öffentlichkeit, fiel *den reichgewordenen «armen Leuten»* zum Opfer, die *entschlossen für nichts anderes leben als für die Befriedigung ihrer nun ins Gigantische gestiegenen Bedürfnisse*[323], und denen bereits die Gründungsväter hilflos gegenüberstanden. Die Wandlung des Citoyen zum Bourgeois war ein Vorgang, durch den *die Physiognomie des neunzehnten und selbst noch unseres Jahrhundertes... entscheidender geprägt worden ist als von den Revolutionen.*[324]

Rätesystem und ziviler Ungehorsam

Wie hilflos Jefferson der Befürchtung gegenüberstand, daß die revolutionären Errungenschaften ihre Gründungsphase nicht überdauern könnten, zeigt seine jakobinisch anmutende Überlegung, daß *der Baum der Freiheit... von Zeit zu Zeit mit dem Blut der Patrioten begossen werden*[325] müsse.

Hannah Arendt griff dagegen auf Geist und Tradition der Revolution in Form der doppelten Funktion der Revolution, des Neubeginnens und des gleichzeitigen Gründens und Bewahrens zurück, die in der nachrevolutionären Zeit in verhängnisvoller Weise durch die ideologische Gegenüberstellung von Konservatismus und Liberalismus, Rechts und Links, Rückschritt und Fortschritt, auseinandergerissen worden war. Das repräsentative Regierungssystem geriet unabhängig von dem jeweils regierenden Lager in eine grundsätzliche Krise, *teilweise weil es im Lauf der Zeit alle Institutionen, die eine wirkliche Beteiligung der Bürger ermöglichten, eingebüßt hat, und teilweise weil es inzwischen mit derselben Krankheit geschlagen ist, unter der das Parteiensystem leidet: gemeint ist die Bürokratisierung und die in beiden Parteien vorhandene Tendenz, niemand außer den eigenen Parteiapparat zu repräsentieren*[326]. Politische Fragen waren zu administrativen Aufgaben und Volksvertreter zu Verwaltungsbeamten verkommen.

Die einzige demokratische Alternative dazu sah Arendt in den Räten. Sie waren in allen Revolutionen von 1789 bis 1956 spontan entstanden, an der politischen Frage der Staatsform *in schärfstem Gegensatz zu allen revolutionären Parteigruppierungen erheblich mehr interessiert... als an der sozialen Frage*[327] und scheiterten nur deshalb, weil sie von allen Parteien und Berufsrevolutionären entschieden bekämpft wurden. Rosa Luxemburg verkörperte am überzeugendsten diesen Rätegedanken, und es waren gerade ihre republikanischen Ansichten, die sie mehr als alle anderen Meinungsverschiedenheiten von den übrigen Sozialdemokraten trennten.[328]

Dort, wo die Räte noch in Form lokaler Selbstverwaltungen existieren, wie in der Schweiz, den skandinavischen Ländern und den USA, haben sie nach Arendts Auffassung erheblich zur Stabilisierung der Demokratie beigetragen. Die Räte *sind nicht anti-parlamentarisch, sie schlagen nur eine andere Art der Volksvertretung vor, aber sie sind ihrem Wesen nach anti-parteilich, das heißt, sie richten sich gegen eine Volksvertretung, die durch Klasseninteressen auf der einen Seite, durch Ideologien oder Weltanschauungen auf der anderen bestimmt ist*[329].

Sie vereinigen verschiedene politische Fraktionen in sich, ohne daß sie sich zwangsläufig zu bürokratischen Parteien entwickeln, solange die einzelnen Mitglieder nicht die Macht mißbrauchen oder das Selbstinteresse in den Vordergrund stellen. *Und dies ist weniger eine Frage der Moral als*

Rosa Luxemburg

der persönlichen Qualifikation – des Talents.[330] Eine solche echte politische Begabung äußert sich in *Mut, dem Verfolg des öffentlichen Glücks,
dem Geschmack an öffentlicher Freiheit, dem Streben nach Auszeichnung
unabhängig von Amt, Würden und gesellschaftlicher Stellung, ja sogar von
Erfolg und Ruhm*[331]. Nur eine Elite, eine Aristokratie im Sinne der Herrschaft der Besten, besitzt diese Fähigkeiten, und sie entstand ansatzweise
in den Räten.

Gerade die Mittelmäßigkeit der modernen Berufspolitiker und das
Fehlen eines politischen Raums außerhalb der Parteibürokratien beunru-
higten Arendt, nicht die politische Indifferenz großer Teile der Bevölkerung. Wenn *öffentliche Freiheit, öffentliches Glück und die Verantwort-
lichkeit für öffentliche Angelegenheiten* in der Hand einer Elite lägen, *die
in allen Gesellschafts- und Berufsschichten daran Geschmack*[332] fände,
könnte die Republik der gefährlichen Tendenz moderner Massengesell-
schaften wirkungsvoll entgegentreten, pseudopolitische Massenbewegungen mit eigenen Eliteformationen hervorzubringen. *Vielleicht würde*

eine solche im wahrsten Sinne des Wortes «aristokratische» Staatsform dann nicht mehr zu dem Mittel der allgemeinen Wahlen greifen, denn nur diejenigen, die freiwillige Mitglieder einer «Elementarrepublik» sind, hätten den Beweis dafür erbracht, daß es ihnen um anderes und vielleicht um mehr geht als um ihr privates Wohlbefinden und um ihre legitimen Privatinteressen. Nur wer an der Welt wirklich interessiert ist, sollte eine Stimme haben im Gang der Welt.[333]

In dem Aufsatz *Civil Disobedience* (1970) und in den Diskussionen über die Studentenbewegung und den Vietnam-Krieg unterstützte Arendt die Bewegungen des zivilen Ungehorsams zur Verteidigung der Verfassung der USA gegen ihre Unterhöhlung durch Regierung und Parteien. Sie unterschied den zivilen Ungehorsam von der individuellen Verweigerung aus Gewissensgründen wie den «guten Citizen» vom «guten Menschen» und die Politik von der Moral. Deshalb äußerte sie auch die Ansicht: *Es wäre ein Ereignis ersten Ranges, wenn man in der Verfassung für den zivilen Ungehorsam einen Ort ausmachen könnte – ein Ereignis, das vielleicht nicht weniger bedeutend wäre als die Gründung der consti-tutio libertatis vor fast zweihundert Jahren.*[334]

Damit würde der «consensus universalis», die stillschweigende, bewußte Zustimmung zu den Gesetzen steigen, weil gerade ihre Veränderlichkeit und der Dissens als *Kennzeichen eines freien Staates*[335] anerkannt und vorausgesetzt würden.

Eichmann und die Banalität des Bösen

Die Begegnung mit Eichmann in Jerusalem veranlaßte Arendt zu einer entscheidenden Korrektur ihrer bisherigen Auffassungen von der Natur des Bösen, der Rolle der Denktätigkeit und der Fähigkeit zu urteilen. In *Vita activa* hatte sie noch erklärt, daß «das radikal Böse» *den Bereich menschlicher Angelegenheiten übersteigt und sich den Machtmöglichkeiten des Menschen entzieht*[336]. Nun schrieb sie an Scholem: *Ich bin in der Tat der Meinung, daß das Böse immer nur extrem ist, aber niemals radikal, es hat keine Tiefe, auch keine Dämonie. Es kann die ganze Welt verwüsten, gerade weil es wie ein Pilz an der Oberfläche weiterwuchert. Tief aber und radikal ist immer nur das Gute.*[337]

Das bedeutete zugleich aber auch, *daß diese Formulierung unserer literarischen, theologischen und philosophischen Denktradition über das Böse entgegenlief. Das Böse, so haben wir gelernt, ist etwas Dämonisches; seine Verkörperung ist der Satan, der «vom Himmel fällt als ein Blitz» (Luk. 10,18) oder Luzifer, der gefallene Engel... Böse Menschen, so heißt es, handeln aus Neid (Richard III.)...Schwäche (Macbeth)... Haß*

(Jago) ... oder Begierde.[338] Bei Eichmann dagegen deutete nichts *auf feste ideologische Überzeugungen oder besondere böse Beweggründe hin; das einzig Bemerkenswerte ... war etwas rein Negatives: nicht Dummheit, sondern Gedankenlosigkeit*[339]. Er hatte sich *niemals vorgestellt, was er eigentlich anstellte*[340]. Das ist weiterreichend und zugleich erschreckender als die bis dahin von Arendt geteilte Auffassung Kants, moralische Fragen gehörten zur Vernunft, so daß sie fehlende Urteilskraft *so herrlich als Dummheit definierte*[341].

Angesichts der erdrückenden Beweisführung der Anklage und der Ausbreitung des gesamten nationalsozialistischen Vernichtungsprogramms in Europa stach Eichmann in seiner Durchschnittlichkeit besonders hervor; in seinem *Mund wirkte das Grauenhafte oft nicht einmal mehr makaber, sondern ausgesprochen komisch*[342]. Er war völlig unfähig, irgendeine Sache vom Gesichtspunkt eines anderen her zu sehen, beteuerte statt dessen immer nur, daß er keine Karriere bei der SS beabsichtigt hatte, sprach nur in Klischees («Amtssprache ist meine einzige Sprache»), und da es zur Zeit des Nazi-Regimes allen *zur Gewohnheit geworden* war, *sich selbst zu betrügen, weil dies eine Art moralischer Voraussetzung zum Überleben geworden war*[343], konnte ihn auch der Prozeß nicht zur Besinnung rufen. Wenn die Richter versuchten, sein Gewissen anzusprechen, schallten ihnen statt dessen *erhebende Gefühle* entgegen, die Ziel seiner Handlungen gewesen seien. *In seinem Kopf bestand kein Widerspruch zwischen dem «ich werde lachend in die Grube springen», das bei Kriegsende angemessen geklungen hatte, und der nicht weniger freudigen Bereitschaft, «sich als abschreckendes Beispiel öffentlich zu erhängen», das jetzt, unter radikal veränderten Umständen, genau die gleiche Funktion erfüllte – nämlich ihm erhebende Gefühle zu verschaffen*[344].

Dennoch beobachtete Arendt bei Eichmann eine verschwommene Vorstellung von Gewissen, als er von den Konflikten zwischen Gesetzen und anderslautenden Befehlen berichtete und *plötzlich mit großem Nachdruck beteuerte, sein Leben lang den Moralvorschriften Kants gefolgt zu sein*. Aber dahinter verbarg sich *die in Deutschland tatsächlich sehr verbreitete Vorstellung* von Gesetzestreue, die *sich nicht darin erschöpft, den Gesetzen zu folgen, sondern so zu handeln verlangt, als sei man selbst der Schöpfer der Gesetze, denen man gehorcht.*[345] So folgte er automatisch allem, was Gesetzeskraft hatte, und war völlig außerstande, unabhängig davon zwischen Richtig und Falsch zu unterscheiden.

Die Fragen, die sich für Arendt nach dem Prozeß stellten, lauteten: *Erstens, wie kann ich Richtig von Falsch unterscheiden, wenn die Mehrheit oder meine gesamte Umgebung die Angelegenheit im Vorhinein beurteilt hat. Wer bin ich denn, daß gerade ich urteilen will? Und zweitens, bis zu welchem Umfang, wenn überhaupt, können wir vergangene Geschehnisse oder Ereignisse beurteilen, die wir nicht miterlebten?*[346] Die erste Frage zielte auf das Wesen und Funktionieren menschlicher Urteilskraft, die

Arendt nicht mehr, wie noch in *Vita activa*, ausschließlich durch gemeinsames Handeln für möglich hielt, sondern umgekehrt nun von dem einsamen, unabhängigen Denken des einzelnen abhängig machte. Die zweite Frage reagierte auf Stellungnahmen während der Kontroverse um Arendts Eichmann-Bericht, bei der unter anderen auch Scholem eine Bewertung des Verhaltens der Judenräte mit der Begründung ablehnte: «Ich maße mir kein Urteil an. Ich war nicht da.»[347] Arendt entgegnete, daß er damit jeder Rechtsprechung oder Geschichtsschreibung die Existenzberechtigung bestreite.

Darüber hinaus verurteilte sie die Thesen, in jedem von uns stecke ein Eichmann, alle Christen und nicht der Papst allein, wie ihn Hochhuth im «Stellvertreter» darstellte, seien am Verhalten des Vatikan schuldig, und es gebe in der täglichen Moral letztlich keinen Unterschied zwischen Zwang und Versuchung, als *höchst wirkungsvolles Reinwaschen all jener, die wirklich etwas getan haben; wo alle schuldig sind, hat niemand Schuld*[348]. Zugleich seien diese Auffassungen Ausdruck einer allgemeinen moralischen Unsicherheit in der Nachkriegszeit, in der niemand mehr die moralische Verantwortung des Urteilens übernehmen wolle.

Es ging Arendt um das Bewußtwerden der persönlichen Verantwortung, nicht darum, angeblich «die Vergangenheit zu bewältigen»: *Jede Moral beruht auf dem Selbstbewußtsein.*[349] Deshalb bestand für Arendt die eigentliche Ursache für die moralische Katastrophe während des Naziregimes nicht in dem Einbruch der Kriminalität in den öffentlichen Raum oder dem Terror gegenüber dem einzelnen, sondern in der freiwilligen Gleichschaltung derer, die ansonsten zu keinem Verbrechen fähig waren. *Ohne diesen fast globalen Zusammenbruch, nicht der persönlichen Verantwortung, sondern des persönlichen Urteilens in den frühen Stadien des Naziregimes wäre es fast unmöglich zu verstehen, was gerade geschehen ist.*[350]

Als alle moralischen Maßstäbe fortfielen, waren allein noch diejenigen in der Lage, richtig zu urteilen, die sich gerade nicht an tradierte, äußere Moralvorstellungen hielten, sondern aus ihrem Innern heraus urteilten und dabei erstaunlicherweise *niemals durch so etwas wie einen großen moralischen Konflikt oder eine Gewissenskrise gingen... keine Verpflichtung verspürten, sondern entsprechend dem völlig Offensichtlichen handelten*[351]. Sie bildeten die lautlose Opposition in Deutschland, die sich angesichts der Welle der Selbstgleichschaltung und des Terrors nur passiv verweigern konnten, aber ihre moralische Integrität ganz im Unterschied zu denen behielten, die die Weltlosigkeit vorzogen, oder zu den Verschwörern des 20. Juli, deren Ziele in den Augen Arendts stark von der Nazi-Ideologie beeinflußt waren.[352]

Die Auschwitz-Prozesse, die Arendt aufmerksam verfolgte, bestärkten sie in der Annahme, daß es sogar noch in Auschwitz *für die SS-Männer relativ einfach war, unter dem einen oder anderen Vorwand unbescholten*

Papst Pius XII.

davonzukommen, das heißt daß *jeder für sich selber entscheiden konnte, in Auschwitz entweder gut oder böse zu sein*[353].

Das innere Denken als Grundlage eines funktionierenden Gewissens in seiner neuen Bedeutung ist die letzte Rettung in Ausnahmezeiten, in denen jegliche Wirklichkeit zerstört ist. Dann ist auch die innere Emigration *immer zu rechtfertigen, solange die Wirklichkeit nicht ignoriert*[354] und auch nicht die Grenze zum Abgrund mit der Theorie des kleineren Übels kaum merklich überschritten wird.

Diese Grenze hatten auch die jüdischen Führer, deren Rolle *für Juden zweifellos das dunkelste Kapitel in der ganzen dunklen Geschichte*[355] ist, mit Beginn des Krieges bzw. der sogenannten Endlösung, das heißt der Vernichtung aller Juden überschritten; bis dahin *ist alles noch verständlich und entschuldbar*[356]. Ihre Unterwerfung unter die Deportationen hat Arendts Meinung nach weniger Juden das Leben gerettet, als wenn sie die Kooperation verweigert hätten; zum Beweis dafür führte sie die Niederlande, die eigenen Erfahrungen im Lager von Gurs und das Mißverhältnis zwischen deportierten und den von Kastner in Budapest geretteten Juden an.

Die Menschlichkeit wird in finsteren Zeiten nur in der Freundschaft aufrechterhalten. Sie ist, wie bei Lessing, wichtiger als die Wahrheit; eine Freundschaft einer heilvollen oder unheilvollen Wahrheit zu opfern, ist im eigentlichen Sinn unmenschlich. Arendt hielt *die Freundschaft, die ja so wählerisch ist wie das Mitleid egalitär ist, für das zentrale Problem... in dem allein sich Menschlichkeit beweisen*[357] kann. Ihre Preisgabe war für viele der Beginn der Gleichschaltung.

Bei der Unterscheidung von Richtig und Falsch im menschlichen Handeln gibt es keinen anderen Maßstab als die von Zeit und Raum unabhängige Kraft positiver Beispiele, an die auch nicht Kants Kategorischer Imperativ heranreicht, der gerade dem zwischenmenschlichen Bereich seinen Absolutheitsanspruch aufzwingen und die Wahrheit im praktischen Verstand etablieren will.[358] Zu diesen Beispielen zählen die Wenigen, die der Versuchung der Gleichschaltung widerstanden, die Weigerung der Regierungen Dänemarks und Italiens, Juden auszuliefern, und in der Philosophie das Vorbild des Sokrates, der lieber Unrecht erleiden als Unrecht tun wollte.[359] *Er hat ein Exempel statuiert, das in Tausenden von Jahren unvergessen geblieben ist, und diese Probe aufs Exempel ist in der Tat die einzige «Beweisführung», deren philosophische Wahrheiten fähig sind*[360].

Die Frage, wie Verwaltungsmassenmorde angemessen bestraft werden können, bleibt bis heute unbeantwortet. Wenn sich niemand schuldig fühle, schrieb Arendt schon 1944, *kann im Grunde niemand mehr urteilen... Solange die Strafe das Recht des Verbrechers ist... gehört zur Schuld ein Bewußtsein, schuldig zu sein, gehört zum Strafen eine Überzeugung von der Verantwortungsfähigkeit des Menschen.*[361] Da dies bei Eichmann nicht der Fall war, plädierte sie am Ende ihres Berichts in einem fiktiven Urteil für das Todesurteil aus dem einzigen Grund, weil Eichmann und seine Vorgesetzten entschieden hatten, mit welchen Völkern sie nicht gemeinsam auf der Erde leben wollten. *Keinem Angehörigen des Menschengeschlechts kann zugemutet werden, mit denen, die solches wollen und in die Tat umsetzen, die Erde zusammen zu bewohnen*[362]; davon abgesehen verlangt auch die Würde der Opfer eine Bestrafung.

Da andere wie Martin Buber sich aus prinzipiellen Gründen gegen jegliches Todesurteil aussprachen, weil sie eine *Scheinbereinigung* der Verbrechen befürchteten, und auch Otto Kirchheimers soeben erschienene «Politische Justiz» (1961) die Hauptfrage umging, wie *Gerechtigkeit jenseits des Rahmens des positiven Rechts zu schaffen*[363] sei, beschränkte sich Arendt darauf, die prinzipiellen Mängel des Verfahrens aufzuzeigen, ohne es aber damit generell in Frage stellen zu wollen. *Zusammenfassend ist zu sagen, daß es dem Jerusalemer Gericht nicht gelang, drei grundsätzlichen Problemen, die sämtlich seit den Nürnberger Prozessen hinreichend bekannt und weithin diskutiert worden waren, gerecht zu werden: der Beeinträchtigung der Gerechtigkeit und Billigkeit in einem Gerichtshof des*

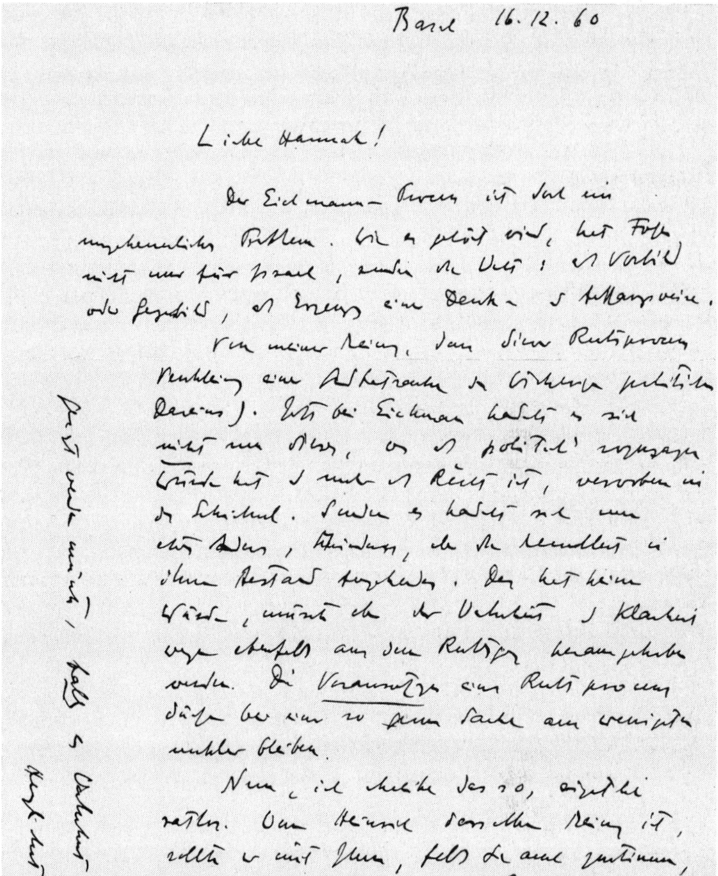
Basel 16.12.60

Liebe Hannah!

Karl Jaspers an Hannah Arendt, 16. Dezember 1960

Siegers, der Klärung des Begriffs von «Verbrechen an der Menschheit» und dem neuen Typ des Verwaltungsmörders, der in diese Delikte verwickelt ist.[364]

Der Prozeß hätte vor einem internationalen Gerichtshof stattfinden müssen, was auch Jaspers forderte, um es der Menschheit zu erschweren, sich einfach mit dem Geschehenen abzufinden oder es gar unter der Hand zum Vorbild neuer Verbrechen zu machen. Denn die gültigen Rechtsprinzipien, wie das Territorial-, passive Personalitäts- und Universalitätsprinzip, auf die sich die israelischen Richter beriefen, um den Prozeß in Jerusalem zu legitimieren, erschienen Arendt zumindest konkretionsbedürftig. Der Begriff «Verbrechen an der Menschheit» schließlich blieb vage, weil er nicht hinsichtlich Vertreibung und Völkermord spezifiziert wurde und die Richter in Jerusalem auch nicht auf die Nürnberger Prozesse als Präzedenzfälle zurückgreifen konnten, da sie sich vorzugsweise auf «Kriegsverbrechen» konzentriert hatten.

Schließlich wurde in Jerusalem deutlich, daß die bis dahin gebräuchlichen juristischen Begriffe des «gerichtsfreien Hoheitsakts» eines Staates und des Handelns «auf höheren Befehl» zur Verurteilung von Straftätern eines verbrecherischen Staates sinnlos geworden waren, in dem das Recht die Ausnahme war. Die Hoffnung der Richter, daß in Eichmann noch das traditionelle moralische Gewissen als letzte Kontrollinstanz gültig sein müsse, zeigte, wie sehr sie in der Verurteilung dieses neuen Verbrechertyps überfordert waren. *So war denn der Eichmannprozeß nicht mehr, aber auch nicht weniger als der letzte der zahlreichen Nachfolgeprozesse, die in den Nachkriegsjahrzehnten auf die Nürnberger Prozesse gefolgt sind.*[365]

Vom Leben des Geistes

Nach der Begegnung mit Eichmann und der Aufdeckung der Gedankenlosigkeit als Grund des Bösen wandte sich Arendt der vita contemplativa, dem Bereich der geistigen Tätigkeiten zu, die sie in das voneinander unabhängige Denken, Wollen und Urteilen unterteilte. Da angesichts des Bruchs der Tradition nur ein *Denken ohne Geländer*[366] möglich ist, suchte sie nach dem allgemein menschlichen Vermögen einer unabhängigen Geistestätigkeit, die zu einem eigenständigen politischen Urteilen befähigt. Zur Beantwortung dieser Frage wandte sie sich als ‹Perlentaucherin› der Philosophiegeschichte zu. Sokrates, Augustinus, Duns Scotus, Kant, Nietzsche und Heidegger, von denen sie am stärksten beeinflußt war, standen im Mittelpunkt ihrer Untersuchung, während sie Freud, Ryle und andere ausklammerte und lediglich die Hegelsche Fortschrittsdialektik einer Kritik unterzog.

1950

Denken

Die unabhängige Denktätigkeit als menschliches Vermögen wurde immer wieder dadurch beeinträchtigt, daß die Grunderfahrung des denkenden Rückzugs des Philosophen von der ihn umgebenden Welt ihn immer wieder zu «metaphysischen Trugschlüssen» auf Kosten des gemeinen Verstandes verleitet hat. Sie äußern sich in der «Zwei-Welten-Theorie» von wahrem Sein und bloßem Schein, der generellen Sinnesfeindlichkeit der Metaphysik und dem Mißtrauen gegenüber dem gesunden Menschenverstand und führen durch ihre einseitige, entweder metaphysische oder positivistische Sichtweise zum Weltverlust: *Sobald einmal das empfindliche Gleichgewicht zwischen den beiden Welten verlorengeht, ob nun die «wahre Welt» die «scheinbare» abschafft oder umgekehrt, so bricht das gesamte gewohnte Bezugs- und Orientierungssystem unseres Denkens zusammen. So gesehen, will nichts mehr recht als sinnvoll erscheinen.*[367]

Hannah Arendt hielt dagegen nicht nur Wesen und Erscheinung, Subjekt und Objekt in Anlehnung an Husserl und den Schweizer Biologen Adolf Portmann für eine untrennbare Einheit, sondern vor allem auch Denken und Erfahrung. Das Denken bedarf der konkreten Erfahrung des Handelns, aber das Handeln ist ohne die kritische Funktion des Denkens von seiner Sinnhaftigkeit abgeschnitten.

Die Frage: Was bringt uns zum Denken? verlangte nach Eichmann eine Antwort, die sich weder im Staunen Platons oder der römischen Entzweiung der Welt bei Epiktet oder Cicero erschöpfen kann. Arendt glaubte, sie in dem *Zwei-in-einem des stummen Zwiegesprächs*[368] bei Sokrates gefunden zu haben. Seine Maxime, lieber Unrecht zu leiden, als Unrecht zu tun, *ist bis heute der eigentliche Grundsatz aller nicht religiös abgeleiteten Moralphilosophie geblieben*[369], und die Grundlage dafür war seine Auffassung: *Es wäre besser für mich... daß noch so viele Menschen mit mir uneins wären, als daß ich, d e r i c h E i n e r b i n, nicht im Einklang mit mir selbst sein und mir widersprechen sollte.*[370]

Diese Zwei-in-einem *sind Freunde und Partner, deren Bewahrung der «Harmonie» die wichtigste Sorge des denkenden Ich ist*[371]. Das sokratische innere Gespräch *aktualisiert den Unterschied in unserer Identität, wie er im Bewußtsein gegeben ist, und so entsteht als Nebenprodukt das Gewissen; die Urteilskraft, das Nebenprodukt der befreienden Wirkung des Denkens, realisiert das Denken, bringt es in der Erscheinungswelt zur Geltung, wo ich nie allein bin und immer viel zu beschäftigt, um denken zu können. Der Wind des Denkens äußert sich nicht in Erkenntnis; er ist die Fähigkeit, recht und unrecht, schön und häßlich zu unterscheiden. Und dies kann – in den seltenen Augenblicken, da die Einsätze gemacht sind – in der Tat Katastrophen verhindern, mindestens für das Selbst.*[372]

Wollen

Der zweite Teil, den Arendt kurz vor ihrem Tod fertigstellte, aber nicht mehr überarbeitete, war der schwierigste für sie. Das Vermögen des Wollens war der griechischen Antike unbekannt, wurde immer wieder, zuletzt von Gilbert Ryle[373], bezweifelt und unterlag dem ständigen Mißtrauen der Philosophen. Auch Kant, dessen *Vermögen, eine Reihe von sukzessiven Dingen oder Zuständen v o n s e l b s t anzufangen*[374], Arendt für den zentralen Ausdruck menschlicher Freiheit hielt, ordnete den Willen als geistige Spontaneität der Vernunft unter.

Das Wollen scheint unendlich viel mehr Freiheit zu besitzen als das Denken, das auch in seiner freiesten, spekulativsten Form dem Gesetz der Widerspruchsfreiheit nicht entgehen kann. Diese unleugbare Tatsache ist von denkenden Menschen nie als reiner Vorzug empfunden worden, sondern eher als Fluch[375] und häufig sogar als Ursache des Bösen interpretiert worden. Je mehr sich in der Neuzeit mit der fortschreitenden Säkularisierung die Menschen der Kontingenz, der Zufälligkeit ihrer Handlungen, gegenübergestellt sahen, um so größer wurde die Versuchung, den Widerspruch zwischen Denken und Wollen in die Scheinlösung der Geschichtsphilosophie zu verlagern.

Der Wille wurde erst seit der Entdeckung des inneren Menschen als geistiges Vermögen beschrieben, von der «proairesis» des Aristoteles, der Entscheidungsfreiheit zwischen Begierde und Vernunft, als einer Vorform abgesehen. Sein Ursprung liegt *in der Theologie und nicht in einer ungebrochenen Tradition philosophischen Denkens*[376].

Die Antwort auf die Frage, *welche Erfahrungen den Menschen vor Augen führen, daß sie zu Willensakten fähig seien*[377], liegt wiederum in der Entdeckung der Zwei-in-einem, dem Ich-will und dem Ich-kann, bzw. dem Wollen und Gegen-Wollen bei Augustinus, *dem ersten christlichen Philosophen und, so ist man versucht zu sagen, dem einzigen Philosophen, den die Römer je hatten*[378]. Der Wille wurde zwar zum zentralen Bestandteil seiner Philosophie, doch blieb er Bindemittel der heiligen sowie auch der geistigen Dreieinigkeit von Gedächtnis, Verstand und Willen. Den Widerspruch zwischen göttlicher Allwissenheit und menschlichem freiem Willen löste Augustinus mit der Feststellung: *Damit ein Anfang sei, wurde der Mensch geschaffen, vor dem es niemand gab*[379] – für Arendt die entscheidende ontologische Begründung der Freiheit. *Die ganze Fähigkeit zum Anfangen wurzelt im Geborensein und gar nicht in der Kreativität, nicht in einer Gabe, sondern in der Tatsache, daß Menschenwesen, neue Menschen, wieder und wieder durch die Geburt in der Welt erscheinen.*[380] Das geistige Organ dieser Spontaneität ist der Wille.

Hätte Augustinus sein «liberum arbitrium», die Wahlfreiheit zwischen Wollen und Gegenwollen, zur Freiheit im kantischen Sinne ausgeweitet, und Kant Augustinus' Philosophie des Geborenwerdens gekannt, so mutmaßte Arendt, dann wäre vielleicht ein selbstbewußter Freiheitsbegriff in der Philosophie entstanden.

Lediglich Duns Scotus entwickelte im Streit mit Thomas von Aquin mit seiner Auffassung von der ontologischen Präferenz des Kontingenten gegenüber dem Notwendigen die *spekulativen Bedingungen für eine Philosophie der Freiheit. Soweit ich sehe, kann sich in der Geschichte der Philosophie nur Kant in seinem bedingungslosen Einsatz für die Freiheit mit Duns Scotus messen. Und doch hat er ihn mit Sicherheit nicht gekannt.*[381]

Erst mit Nietzsches und Heideggers Gleichsetzung von Willen und Macht wurde der Zusammenhang von Wollen und Können noch einmal in der Neuzeit erhellt, diesmal allerdings unter dem nihilistischen Aspekt einer durch Negation geschaffenen Macht. Beide verstanden Denken und Wollen als Gegensätze und verwarfen letztlich den Willen: Nietzsche in seiner Idee der Ewigen Wiederkehr, durch die er in die Nähe Epiktets rückte, und Heidegger mit seiner «Kehre», mit der er sich von dem Zerstörerischen im Willen ab- und der Gelassenheit, dem Willen zum Nicht-wollen, zuwandte.

So wandte sich Arendt, entgegen ihrer ursprünglichen Planung, noch einmal dezidiert der politischen Ebene, dem Phänomen der Revolutionen zu. Doch *ging die Hoffnung weiter als das schließliche Ergebnis. Der*

Abgrund der reinen Spontaneität, der in den Gründungslegenden durch den hiatus zwischen Befreiung und Schaffung der Freiheit überbrückt wird, wurden durch den Kunstgriff verdeckt, das Neue als verbesserte Neuauflage des Alten zu begreifen... *In ihrer ursprünglichen Integrität lebte die Freiheit in der politischen Theorie*... *lediglich in utopischen und grundlosen Versprechen eines endgültigen «Reiches der Freiheit» fort, das mindestens in seiner marxistischen Form, in der Tat «das Ende aller Dinge» bedeuten würde.*[382] Über das Willensverständnis von Augustinus in all seiner Begrenztheit schien nichts hinauszuführen.

Urteilen

Dieser tote Punkt, wenn es einer ist, läßt sich einzig mittels eines weiteren geistigen Vermögens überwinden, nicht weniger geheimnisvoll als das Vermögen zum Beginnen: der Urteilskraft, deren Analyse uns mindestens lehren könnte, was es mit unserem Gefallen und Mißfallen auf sich hat.[383] Dieses Vermögen eröffnet die Möglichkeit, aus der Sackgasse der metaphysischen Trugschlüsse und des Zögerns des Wollens gegenüber der Freiheit hinauszukommen.

Die Antwort auf die Frage, wie das Besondere ohne jeglichen Bezug zu einem übergreifenden Allgemeinen beurteilt und daraus *eine mögliche Begriffsbildung für die historisch-politischen Wissenschaften*[384] entwickelt werden könnte, glaubte Arendt in Kants «Kritik der Urteilskraft» gefunden zu haben. Denn das Urteil über Schön und Häßlich, Richtig und Falsch *hat keinen Platz in Kants Moralphilosophie*... Die *praktische Vernunft*... *schreibt das Gesetz vor und ist identisch mit dem Willen*, während das Urteil *aus einer «bloß kontemplativen Lust» oder aus «untätigem Wohlgefallen»*[385] entsteht. Auch wenn Kant keine politische Philosophie entwickelte, so berechtigen nach Arendts Ansicht doch die gleichen Bedingungen für ästhetisches und politisches Urteilen eine Orientierung an Kant, zudem befänden wir uns heute in moralischen Fragen *in derselben Lage, in der sich das 18. Jahrhundert hinsichtlich bloßer Geschmacksurteile befand*[386].

Die detaillierten Ausführungen in Arendts Vorlesung *Über Kants politische Philosophie* (1970) waren höchstwahrscheinlich die Grundlage des geplanten dritten Bandes. Hannah Arendt folgte Kants Grundannahmen der menschlichen Pluralität, der Geselligkeit als eigentlich menschlichem «Zweck», den Popularisierungsabsichten seiner Philosophie, das heißt auch dem Anspruch auf das Selbstdenken jedes Menschen, und seinen Prinzipien von Widerspruchsfreiheit des Denkens und unabdingbarer Öffentlichkeit, die alles Böse definitionsgemäß in die nichtöffentliche Sphäre verbannt. Sie kritisierte aber seine Neigung, die menschliche Plu-

1975

ralität immer wieder auf ein Minimum zu reduzieren, als «Alles-Zermal-
mer» (Mendelssohn) die eindeutig destruktive Seite seines Unterneh-
mens zu übersehen und *seinen tief eingewurzelten Hang zur Melancho-
lie*[387] durch die Idee des Fortschritts überwinden zu wollen, obwohl
gerade der Glaube daran *gegen die menschliche Würde*[388] verstößt.

Die Urteilskraft beruht nach Kant auf der Fähigkeit zur Unparteilich-
keit, die nicht auf einer höheren Ebene, sondern in der «erweiterten Den-
kungsart» angesiedelt ist und einer natürlichen Einbildungskraft bedarf,
die durch kein Selbstinteresse eingeschränkt wird. Anders als in *Vita activa* ist nun die Anwesenheit der Zuschauer überhaupt die Voraussetzung

dafür, daß die Handelnden oder schöpferisch Tätigen im öffentlichen Raum erscheinen. *Der erstaunliche Aspekt dieses Geschäfts ist, daß der Gemeinsinn, das Vermögen des Urteilens und des Unterscheidens zwischen Richtig und Falsch auf dem Geschmackssinn beruhen sollte*[389], der allen Menschen zu eigen ist. Während den fünf Sinnen besondere sinnlich wahrnehmbare Eigenschaften der Welt entsprechen, entspricht dem *sechsten Sinn... die Welteigenschaft des Wirklichseins*[390]. Gemeinsinn und Einbildungskraft bringen den Geschmack zum Urteil. Ästhetische und politische Urteile sind somit weder subjektiv noch objektiv, weder zwingend noch beweisend und handeln weder von Erkenntnis noch von Wahrheit. In der Kommunikation mit anderen überschreiten sie die Subjektivität, erlangen aber nicht die Objektivität wissenschaftlicher Erkenntnisse, bei denen es sich streng genommen auch um keine Urteile handelt. Ihr Ort ist die Intersubjektivität; sie ist die einzige Gewähr dafür, daß einzelne und besondere Urteile auch ohne Unterstützung durch allgemeine Gesetze gefällt werden können.

Das Urteilen kann sich auf nichts als die Kraft positiver Beispiele, die lebendige Erinnerung an die Geschichten vom Schicksal der Vergessenen und den Geschmack als besonderes «Gängelband der Urteilskraft» (Kant) stützen, um zu verhindern, daß eines Tages mitsamt der Wahrheit auch wieder die Urteilsfähigkeit verlorengeht.

Auf dem politischen Gebiet kommt diesem Geschmack *eine organisatorische Kraft von eigentümlicher Stärke* zu. *Es ist, als entscheide sich im Geschmack nicht nur, wie die Welt aussehen soll, sondern auch wer in der Welt zusammengehört... Mit dem «Wer einer ist» – nicht mit dem Was, den Qualitäten und individuellen Talenten – hat es gerade das Politische, das Handeln und Sprechen zu tun.*[391]

Hannah Arendts Interesse an dem Vermögen der Urteilskraft ging aber noch einen Schritt weiter und zielte auf seine ontologische Funktion. In einer Welt voller Umbrüche und Veränderungen ohne den Halt traditioneller Werte muß sich jeder Mensch seinen Platz in der Welt, metaphorisch gesehen, im Kampf gegen die Zeit, gegen die antagonistischen Kräfte der Vergangenheit und der Zukunft, erobern. In dem ruhigen Zentrum inmitten des Sturms *finden wir unseren Platz, wenn wir denken, das heißt, wenn wir der Vergangenheit und Zukunft so weit entrückt sind, daß wir dazu gut sind, ihren Sinn zu finden, die Stellung des «Schiedsrichters» einzunehmen, des Richters und Beurteilers der vielfältigen, nie endenden Geschäfte der menschlichen Existenz in der Welt, eine Stellung, die nie zu einer endgültigen Lösung dieser Rätsel verhilft, die aber immer neue Antworten auf die Frage bereit hat, um was es bei alledem wohl gehe*[392].

Angesichts der Ungewißheit über die Gestaltungsmöglichkeit der Zukunft sollen wir uns zumindest unserer eigenen Existenz versichern, um der Menschlichkeit ihren Raum zu verschaffen.

Anmerkungen

Folgende Ausgaben der Werke und Briefe Hannah Arendts werden abkürzend zitiert:

BB   = Benjamin, Brecht. Zwei Essays, München 1971
BPF = Between Past and Future, New York, 2. Aufl. 1968
BW   = Hannah Arendt – Karl Jaspers, Briefwechsel 1926–1969, München 1985
CR   = Crisis of the Republic, New York 1972
EJ   = Eichmann in Jerusalem, München, 5. Aufl. 1986
EU   = Elemente und Ursprünge totaler Herrschaft, München 1986
FT   = Fragwürdige Traditionsbestände im politischen Denken der Gegenwart, Frankfurt 1957
JP   = Ron H. Feldman (Hg.), The Jew as Pariah: Jewish Identity and Politics in the Modern Age, New York 1978
LC   = Nachlaß in der Library of Congress, Washington D.C.
LG1 = Vom Leben des Geistes, Bd. 1 Das Denken, München 1979
LG2 = Vom Leben des Geistes, Bd. 2 Das Wollen, München 1979
MZ   = Über die Menschlichkeit in finsteren Zeiten, München 1960
RV   = Rahel Varnhagen. Lebensgeschichte einer deutschen Jüdin aus der Romantik, München 1981
SE   = Sechs Essays, Heidelberg 1948
U   = Das Urteilen, München 1985
ÜR   = Über die Revolution, München 1963
VA   = Vita activa oder Vom tätigen Leben, München, 2. Aufl. 1981
VT   = Die verborgene Tradition, Frankfurt 1976
WL   = Wahrheit und Lüge in der Politik, München 1972
ZZ   = Zur Zeit. Politische Essays, Berlin 1986

Der Hauptteil des Nachlasses befindet sich in der Library of Congress, Washington D.C., ein kleinerer im Deutschen Literaturarchiv in Marbach a. N. Der Briefwechsel mit Mary McCarthy liegt in der Bibliothek des Vassar-College, NY.

1 Hans Jonas, Hannah Arendt. In: Partisan Review, S. 13
2 A. Reif, Gespräche mit Hannah Arendt, S. 11, im folgenden Reif
3 BB, S. 76
4 Reif, S. 16f
5 an Jaspers, 25. 3. 1947
6 Reif, S. 17
7 Rosa Luxemburg, S. 32
8 Max Fürst, Gefilte Fisch. Eine Jugend in Königsberg, München 1973, S. 89f

9 Reif, S. 19

10 BB, S. 75

11 BB, S. 77 f

12 Die Schatten, o. J. LC

13 Martin Heidegger ist achtzig Jahre alt, S. 893 (im folgenden MH)

14 MH, S. 894

15 MH, S. 894 f

16 MH, S. 896

17 MH, S. 895

18 Melvyn A. Hill (Hg.), Hannah Arendt: The Recovery of the Public World, S. 338 (im folgenden Hill)

19 Hans-Georg Gadamer, Heideggers Wege. Studien zum Spätwerk, Tübingen 1983, S. 118

20 MH, S. 896

21 an Blücher, 8. 2. 1950 LC

22 Benno von Wiese, Ich erzähle mein Leben. Frankfurt 1982, S. 88

23 an C. Koonz/R. Breidenthal, 8. 3. 1972 LC

24 Rosa Luxemburg, S. 34

25 an Jaspers, 7. 9. 1952

26 Reif, S. 33

27 Reif, S. 33

28 Sechs Essays, S. 75 f, 80

29 Sechs Essays, S. 79

30 VT, S. 8

31 BB, S. 78

32 BW, S. 727

33 Rosa Luxemburg, S. 31

34 K. Jaspers, Provokationen, München 1969, S. 120

35 E. Young-Bruehl, Hannah Arendt. Leben, Werk und Zeit, S. 132

36 P. Tillich an Arendt, o. D. LC

37 an Jaspers, 7. 9. 1952

38 an Jaspers, 24. 3. 1930

39 Vorwort von 1958, RV S. 10

40 an Rösner/Piper Verlag, 12. 1. 1959 LC

41 RV, S. 11

42 Reif, S. 21

43 Reif, S. 21. Arendt spielt auf die Erklärung von Karl Kraus an, daß ihm zu Hitler nichts mehr eingefallen sei

44 Hill, S. 306

45 Reif, S. 22

46 Reif, S. 20

47 an Mary McCarthy, 7. 10. 1967 LC

48 BB, S. 30

49 an Jaspers, 29. 1. 1946

50 G. Scholem, Walter Benjamin – die Geschichte einer Freundschaft, Frankfurt 1975, S. 265

51 ZZ, S. 15

52 BB, S. 82

53 ZZ, S. 21

54 BB, S. 101 f

55 Auszug aus der Geschichte. Manuskript für Radio Bremen, 1958 LC

56 an Gertrud Jaspers, 30. 5. 1946

57 Die jüdische Armee – der Beginn jüdischer Politik? In: Aufbau, 14. 11. 1941

58 a. a. O.

59 Ganz Israel bürgt füreinander. In: Aufbau, 24. 4. 1942

60 Mit dem Rücken an der Wand. In: Aufbau, 3. 7. 1942

61 Keinen Kaddisch wird man sagen. In: Aufbau, 19. 6. 1942

62 Ceterum Censeo... In: Aufbau, 26. 12. 1941

63 an Blumenfeld, 14. 1. 1946 Marbach

64 Sprengstoff-Spießer. In: Aufbau, 16. 6. 1944

65 JP, S. 196

66 JP, S. 208

67 JP, S. 186 f

68 Magnes, the Conscience of the Jewish People

69 an Jaspers, 4. 9. 1947

70 K. Piper/H. Saner (Hg), Erinnerungen an Karl Jaspers, München/Zürich 1974, S. 314

71 Reif, S. 28 f

72 an Jaspers, 29. 1. 1946

73 Social Science Techniques, S. 63 f

74 ZZ, S. 25 f

75 EU, S. 22

76 Outline, o. D. LC

77 A Reply. Rejoinder to Eric Voegelin, S. 78f
78 an Jaspers, 3. 6. 1949
79 Gestern waren sie noch Kommunisten. In: Aufbau, 31. 7. 1953
80 an Jaspers, 29. 1. 1946
81 a. a. O.
82 an Jaspers, 21. 12. 1953
83 an Jaspers, 24. 7. 1954
84 an Jaspers, 6. 10. 1954
85 an Jaspers, 6. 8. 1955
86 ZZ, S. 80
87 an Blücher, 14. 2. 1950 LC
88 ZZ, S. 51
89 ZZ, S. 46
90 an Jaspers, 4. 10. 1950
91 ZZ, S. 47f
92 VT, S. 36f
93 Reif, S. 115
94 EJ, S. 172
95 Reif, S. 39
96 an B. von Wiese, 19. 2. 1965, LC
97 an Jaspers, 19. 2. 1965
98 MZ, S. 35
99 ÜR, S. 13
100 Jaspers an Arendt, 29. 8. 1954
101 Friedenspreis des deutschen Buchhandels S. 168
102 an Blücher, 11. 4. 1952 LC
103 Jaspers an Arendt, 19. 10. 1946
104 an Jaspers, 19. 2. 1954
105 an Jaspers, 6. 8. 1955
106 an Jaspers, 18. 11. 1957
107 Jaspers an Arendt, 25. 7. 1963
108 an Jaspers, 17. 12. 1946
109 an Blücher, 11. 4. 1952 LC
110 an M. Graetz, 12. 7. 1965 LC
111 an Jaspers, 9. 7. 1946
112 an Jaspers, 29. 9. 1949
113 SE, S. 66
114 an Blücher, 8. 2. 1950 LC
115 an Blücher, 2. 3. 1950 LC
116 an J. Glenn Gray, 25. 3. 1967 LC
117 an Blücher, 13. 6. 1952 LC
118 an Blücher 1. 8. 1952 LC
119 an Blücher, 3. 1. 1950 LC
120 an Blücher, 2. 3. 1950 LC
121 an Kurt Wolff, 25. 3. 1960 LC
122 Mary McCarthy, Hannah Arendt and Politics, S. 729f
123 an Blücher, 24. 4. 1952 LC
124 Thilo Koch, Ähnlichkeiten mit lebenden Personen ist beabsichtigt, Hamburg 1970, S. 73
125 Antrag auf Guggenheim-Stipendium, 1952 LC
126 an Blumenfeld, 16. 11. 1953, Marbach
127 an Jaspers, 4. 3. 1951
128 Antrag auf Rockefeller-Stipendium, 1957 LC
129 an Jaspers, 26. 12. 1956
130 an Jaspers, 29. 5. 1963
131 an Piper, 15. 2. 1959 LC
132 an Jaspers, 19. 2. 1966
133 an Helen Wolff, 25. 11. 1959 LC
134 Alfred Kazin, New York Jew, S. 197
135 an Jaspers, 26. 3. 1955
136 an Blücher, 8. 3. 1955 LC
137 an Blücher, 25. 5. 1955 LC
138 an Jaspers, 23. 10. 1965
139 an Piper, 6. 8. 1955 LC
140 an Jaspers, 16. 11. 1958
141 an G. u. K. Jaspers, 31. 1. 1959
142 an G. Jaspers, 9. 11. 1960
143 ZZ, S. 97
144 an Jaspers, 3. 1. 1960
145 ZZ, S. 112
146 an Jaspers, 5. 2. 1961
147 A. Alvarez, Under Pressure, S. 104
148 VT, S. 39f
149 an Jaspers, 13. 4. 1961
150 an Jaspers, 12. 12. 1960
151 an S. Neumann, 15. 8. 1961 LC
152 Reif, S. 38
153 an Mary McCarthy, 20. 9. 1963 LC
154 an Jaspers, 20. 7. 1963
155 Ein Briefwechsel, NZZ 19. 10. 1963
156 an Piper-Verlag, 24. 8. 1964 LC
157 an Mary McCarthy, 20. 9. 1963 LC
158 Ein Briefwechsel, NZZ 19. 10. 1963
159 a. a. O.
160 an Blücher, 26. 4. 1961 LC

161 an Blücher, 20.4.1961 LC
162 an Jaspers, 10.6.1967
163 an Jaspers, 1.10.1967
164 an Jaspers, 9.8.1963
165 an Jaspers, 18.4.1966
166 an Jaspers, 26.3.1966
167 an Jaspers, 25.7.1965
168 WL, S. 56
169 BB, S. 74
170 an Jaspers, 25.7.1965
171 Reflexionen über die Gewalt, S. 12; das folgende Zitat ebda S. 19
172 Politik und Verbrechen, S. 380f
173 Reif, S. 49
174 an Jaspers, 14.3.1965
175 an Jaspers, 28.5.1965
176 BW, S. 829f
177 Reif, S. 52f
178 Reif, S. 54
179 an H. J. Benedikt, 25.11.1967 LC
180 Vorwort zu K. Jaspers, The Future of Germany, 1967
181 Reif, S. 76f
182 Reif, S. 80
183 WL, S. 19
184 Congress Conference on War and National Responsibility, 1970, LC
185 ZZ, S. 172, 177
186 an Jaspers, 16.1.1967
187 an J. Glenn Gray, 16.8.1975 LC
188 an E. Vollrath, 5.3.1970 LC
189 MZ, S. 9
190 an Jaspers 7.9.1952
191 a. a. O.
192 RV S. 199
193 an Jaspers 7.9.1952
194 RV S. 20
195 RV S. 21
196 RV S. 24
197 an Jaspers 7.9.1952
198 RV S. 63
199 RV S. 117
200 RV S. 119
201 RV S. 126
202 RV S. 125
203 RV S. 154
204 RV S. 155
205 RV S. 173
206 RV S. 186
207 RV S. 190
208 RV S. 15
209 RV S. 194
210 RV S. 206f
211 VT S. 47
212 VT S. 52
213 VT S. 62
214 VT S. 57
215 JP S. 171
216 VT S. 58
217 BB S. 10
218 BB S. 8
219 BB S. 15
220 BB S. 12
221 JP S. 109
222 EU S. 32
223 an Jaspers 7.9.1952
224 JP S. 167
225 JP S. 103
226 VT S. 74ff
227 ZZ, S. 13, 16
228 VT S. 135
229 VT S. 137
230 VT S. 139
231 VT S. 145
232 EU S. 31
233 JP S. 174
234 VT S. 159
235 Für Ehre und Ruhm der jüdischen Armee. In: Aufbau, 21.4.1944
236 EU S. 24
237 EU S. 27
238 JP S. 109
239 EU S. 170
240 EU S. 109
241 a. a. O.
242 EU S. 130
243 EU S. 154
244 EU S. 246
245 EU S. 257
246 EU S. 261
247 EU S. 266
248 EU S. 317
249 EU S. 307
250 EU S. 355
251 EU S. 347
252 EU S. 421
253 EU S. 461f

254 EU S. 499
255 EU S. 729
256 EU S. 536
257 EU S. 536
258 EU S. 495
259 EU S. 577
260 EU S. 549
261 Authority in the Twentieth Century, S. 411 f
262 EU S. 723
263 EU S. 729
264 EU S. 676
265 EU S. 699
266 The History of the Great Crime, S. 302
267 Some Questions of Moral Philosophy, 1965 LC
268 FT S. 24
269 BB S. 49
270 FT S. 161
271 FT S. 22
272 FT S. 27
273 A. d. Tocqueville, Über die Demokratie in Amerika 2. Buch IV. Teil, 8. Kapitel
274 BB S. 49
275 VA S. 12
276 BA S. 13
277 VA S. 243
278 VA S. 15
279 VA S. 18
280 VA S. 14
281 VA S. 34
282 VA S. 62
283 VA S. 32
284 VA S. 41
285 VA S. 80
286 VA S. 95
287 VA S. 121
288 VA S. 141
289 VA S. 143
290 VA S. 169
291 VA S. 175
292 VA S. 174
293 Men in Dark Times, S. 104
294 LG1 S. 212
295 an Jaspers 24. 7. 1954
296 BPF Preface S. 4
297 VA S. 224
298 Politik und Kultur, S. 1138
299 VA S. 241
300 BB S. 106
301 J. Habermas, Hannah Arendts Begriff der Macht, und: M. Canovan, A Case of Distorted Communication.
302 Gaus S. 24
303 VA S. 276
304 VA S. 262
305 VA S. 314 f
306 BPF Preface S. 5
307 ÜR S. 40
308 FT S. 166
309 FT S. 167 f
310 ÜR S. 41
311 A. Klein, Dissent, Power and Confrontation, S. 115
312 ÜR S. 115 f
313 ÜR S. 197
314 Gestern waren sie noch Kommunisten. In: Der Aufbau, 1. 7. 1953
315 Hill S. 327
316 ÜR S. 199 f
317 ÜR S. 291
318 ÜR S. 294
319 ÜR S. 216 f.
320 ÜR S. 216
321 ÜR S. 222
322 ÜR S. 283
323 ÜR S. 180
324 ÜR S. 182
325 ÜR S. 300
326 ZZ S. 148
327 CR S. 342
328 Rosa Luxemburg, S. 38
329 Die ungarische Revolution und der totalitäre Imperialismus, S. 42
330 a. a. O. S. 45
331 ÜR S. 355
332 ÜR S. 359
333 ÜR S. 360
334 ZZ S. 144
335 ZZ S. 147
336 VA S. 236
337 Ein Briefwechsel, NZZ 19. 10. 1963
338 LG 1 S. 13 f
339 LG 1 S. 14

340 EJ S. 16
341 Understanding and Politics, S. 383
342 EJ S. 77
343 EJ S. 81
344 EJ S. 83
345 EJ S. 174
346 Personal Responsibility under Dictatorship, 1964 LC
347 Ein Briefwechsel, NZZ 19.10. 1963
348 Personal Responsibility
349 Vorwort zu J. Glenn Gray, The Warriors, S. XI
350 Personal Responsibility
351 Some Questions of Moral Philosophy, 1965 LC
352 EJ S. 138
353 Vorwort zu B. Neumann, Auschwitz
354 MZ S. 37
355 EJ S. 153
356 Ein Briefwechsel, NZZ 19.10. 1963
357 MZ S. 20
358 MZ S. 45
359 Platon, Gorgias, 24. Kap., 469c
360 WL S. 70
361 VT S. 38f
362 EJ S. 329
363 an C. J. Friedrich, 11.1.1962 LC
364 EJ S. 324
365 EJ S. 312
366 Hill S. 336
367 LG 1 S. 21
368 LG 1 S. 192
369 WL S. 65f
370 LG 1 S. 180
371 LG 2 S. 63
372 LG 1 S. 192
373 G. Ryle, The Concept of Mind, 1949
374 Kant, Kritik der reinen Vernunft, B 476
375 LG 2 S. 11
376 LG 2 S. 22
377 LG 2 S. 62
378 LG 2 S. 82
379 Augustinus, Vom Gottesstaat, Buch 12, Kap. 20
380 LG 2 S. 206f
381 LG 2 S. 140
382 LG 2 S. 206
383 LG 2 S. 207
384 an Jaspers, 29.11.1964
385 U S. 26
386 Some Questions of Moral Philosophy, 1965 LC
387 U S. 39
388 U S. 102
389 U S. 86
390 LG 1 S. 60
391 Kultur und Politik, S. 1144
392 LG 1 S. 205

Zeittafel

1906	Hannah Arendt wird am 14. Oktober als einziges Kind von Martha Arendt, geb. Cohn, und dem Ingenieur Paul Arendt in Linden bei Hannover geboren
1909	Übersiedelung nach Königsberg/Pr.
1913	Tod des Vaters nach längerer Krankheit
1916–1924	Besuch des Mädchengymnasiums «Königin-Luise-Schule» in Königsberg
1920	Martha Arendt heiratet Martin Beerwald
1924	Externes Abitur
1924–1928	Studium von Philosophie, Theologie und Griechisch bei Heidegger und Bultmann in Marburg, bei Husserl in Freiburg i. B. und bei Jaspers in Heidelberg, bei dem sie über den *Liebesbegriff bei Augustin* promoviert
1926	Erste Begegnung mit dem Zionisten Kurt Blumenfeld, der zu ihrem politischen Mentor wird
1929	Heirat mit Günther Stern (Pseudonym Anders)
1930	Beginn der Arbeit an *Rahel Varnhagen: Lebensgeschichte einer deutschen Jüdin aus der Romantik.* Fertigstellung 1938
1933	Im Juli vorübergehende Verhaftung durch die Gestapo; im August Flucht über die Tschechoslowakei nach Paris
1933–1943	Mitglied der World Zionist Organization
1934–1938	Arbeit als Generalsekretärin der Jugend-Alia in Frankreich
1935	Erste Reise nach Palästina
1936	Sie lernt ihren späteren zweiten Mann Heinrich Blücher kennen. Häufige Begegnungen mit Walter Benjamin
1937	Aberkennung der deutschen Staatsangehörigkeit. Scheidung von Günther Stern (Anders)
1938–1939	Arbeit für die Jewish Agency in Paris
1940	Heirat mit Heinrich Blücher. Vorübergehende Internierung im Konzentrationslager Gurs/Südfrankreich. Selbstmord Benjamins
1941	Ausreise mit Blücher und ihrer Mutter in die USA
1941–1944	Mitarbeit bei der deutsch-jüdischen Wochenzeitung «Aufbau» in New York
1944	*The Jew as Pariah: A Hidden Tradition*
1944–1946	Forschungsleiterin bei der Conference on Jewish Relations
1946–1949	Cheflektorin im Schocken-Verlag
1947–1948	Mitglied der jüdischen Organisation «Ihud» von Judah Magnes, die eine binationale Lösung des Palästina-Problems anstrebt

1948	*Sechs Essays*. Tod der Mutter
1948–1952	Geschäftsführerin der «Jewish Cultural Reconstruction, Inc.»
1949–1950	Erster Besuch nach dem Krieg in Europa
1951	*The Origins of Totalitarianism*
1953–1956	Vorlesungen und Vorträge in Princeton, Harvard, an der New Yorker New School for Social Research, Chicago u. a., Professur am Brooklyn College, New York
1955	Gastprofessur in Berkeley
1957	*Fragwürdige Traditionsbestände im politischen Denken der Gegenwart*
1958	*The Human Condition, Rahel Varnhagen. The Life of a Jewess, Die ungarische Revolution und der totalitäre Imperialismus.* Laudatio anläßlich der Verleihung des Friedenspreises des Deutschen Buchhandels an Jaspers
1959	Lessing-Preis der Stadt Hamburg, *Von der Menschlichkeit in finsteren Zeiten. Gedanken zu Lessing*
1961	Reise für den «New Yorker» als Berichterstatterin zum Eichmann-Prozeß nach Jerusalem. *Between Past and Future. Six Exercises in Political Thought*
1963	*Eichmann in Jerusalem: A Report on the Banality of Evil, On Revolution*
1963–1967	Professur an der Universität von Chicago
1966	*What is Permitted to Jove?* (dt. Bertolt Brecht)
1967	*Truth and Politics.* Sigmund-Freud-Preis der Deutschen Akademie für Sprache und Dichtung
1967–1975	Professur an der New School for Social Research, New York
1968	*Men in Dark Times, Walter Benjamin*
1969	stirbt Karl Jaspers
1970	stirbt Heinrich Blücher. *On Violence, Civil Disobedience.* Vorlesung über *Kants politische Philosophie*
1971	*Thinking and Moral Consideration. Lying and Politics: Reflections on the Pentagon Papers*
1972	Wiedergutmachung durch die deutsche Bundesregierung
1973	Gifford-Lectures in Aberdeen/Schottland über *Das Denken*
1974	Gifford-Lectures über *Das Wollen*; erster Herzinfarkt
1975	Sonning-Preis der Universität Kopenhagen für Verdienste um die europäische Kultur. *Home to Roost: A Bicentennial Address.* Am 4. Dezember stirbt Hannah Arendt am zweiten Herzinfarkt

Zeugnisse

Walter Benjamin
Auf mich hat dieses Buch [*Rahel Varnhagen*] großen Eindruck gemacht. Es schwimmt mit starken Stößen wider den Strom erbaulicher und apologetischer Judaistik. Du weißt am besten, daß alles, was man über «die Juden in der deutschen Literatur» bis dato lesen konnte, von eben dieser Strömung sich treiben ließ.

An Gerhard Scholem, 20. Februar 1939

Dolf Sternberger
Hannah Arendt eröffnet mit jedem neuen Werk auch neue Dimensionen der Erkenntnis. Es liegt ihr nicht viel daran, sich in Übereinstimmung mit überkommenen Urteilen und Ansichten zu befinden, wie ehrwürdig sie sein mögen. Eher scheint sie im Originalen das Zeugnis der Wahrheit zu fühlen. Sie fängt immer von vorn an zu denken.

«FAZ», 31. Dezember 1960

Golo Mann
Ihre Charakteristik des deutschen Widerstands enthält die empörendsten Verleumdungen, die je über diese Bewegung verbreitet wurden.

«Die Zeit», 24. Januar 1964

Uwe Johnson
Sie konnte bar jeden Zweifels von Leuten sagen, sie seien ohne Fehl und Tadel; sie riskierte ihre eigene Person mit dem Urteil, sie hat mich den Ausdruck noch einmal neu sehen gemacht. Ihre Freundschaft war ehrlich genug für Tapferkeit vor dem Freund.

«FAZ», 8. Dezember 1975

Hans Jonas
Sie hat das Diskussionsniveau in der politischen Theorie heraufgeschraubt und ihre Normen bei der Entwicklung von Ideen der intellektuellen Gemeinschaft auferlegt. Selbst Nichtübereinstimmung oder gar Widerspruch muß ihr zu den von ihr gesteckten Höhen folgen, um sie dort zu treffen. Und diese Höhen werden durch Tiefe gestützt – eine Tiefe der

menschlichen Einsicht und des Gefühls, die allem, was sie sagte, Substanz verlieh und vor bloßem Glanz bewahrte. Sie strebte nicht nach Originalität, sie war einfach originell. Die Dinge sahen anders aus, wenn sie sie betrachtet hatte. Denken war ihre Leidenschaft, und mit ihr zu denken, war eine moralische Aktivität.

«Partisan Review» 43/1, 1976

Karl Jaspers

Mit ihr konnte ich noch einmal auf die Weise diskutieren, die ich mein Leben lang begehrte... In der vollkommenen Rückhaltlosigkeit, die keine Hintergedanken zuläßt, – in dem Übermut, sich vergaloppieren zu dürfen, da es korrigiert wird und selbst etwas anzeigt, das sich lohnt, in der Spannung vielleicht tief gegründeter Differenzen, die doch umgriffen sind von einem Vertrauen, das auch sie offenbar zu werden erlaubt, ohne daß die Neigung gemindert würde –, das radikale gegenseitige Sichfreilassen und das Aufhören von abstrakten Forderungen, da sie erlöschen in der faktischen Treue.

«Philosophische Autobiographie».
Erw. Neuausgabe 1977

Mary McCarthy

Das Element des Theaterhaften beruhte bei Hannah Arendt auf ihrer Fähigkeit, sich spontan von einer Idee, einer Emotion, einer Ahnung packen zu lassen, deren Vehikel dann – wie bei einem Schauspieler – ihr Körper wurde. Diese Fähigkeit, sich packen und durchdringen zu lassen – ein «Ach!», das sie mit weit geöffneten Augen (angesichts eines Bildes, eines architektonischen Meisterwerks, irgendeiner Infamie) ausrief, war oft der Anfang –, trennte sie von uns anderen wie ein starker Stromstoß, durch den sie aufgeladen wurde. Und dann dieses vibrierende, federnde, dunkle, kurze, nie ganz graue Haar, das manchmal wirkte, als stehe es vor purer Energie zu Berge.

«Die Zeit», 13. Januar 1978

Walter Laqueur

Liest man die politischen Artikel von Hannah Arendt wieder, so zeigt sich, daß sie sich in ihren Analysen und Voraussagen häufiger geirrt als recht behalten hat. Sie neigte immer zu Übertreibungen und Verallgemeinerungen und zur Originalität, wenn sie sich nur auf wenig Tatsachenmaterial stützen konnte. Sie besaß eine bemerkenswerte Intelligenz, aber nur wenig Common Sense und offenbar keinen politischen Instinkt – sie war ein philosophisches, kein politisches Wesen.

«Der Monat», 31/2, 1979

Alfred Kazin
Ihre körperliche und greifbare Ausdrucksstärke war für mich ihre größte
Eigenschaft. Sie hatte eine zu große Ehrfurcht vor den großen Denkern,
um für sich selber philosophische «Originalität» zu beanspruchen; ihr besonderes Verfahren, das sie in deutschen Seminaren gelernt haben muß,
bestand darin, immer wieder um die großen Namen zu kreisen, wobei sie
eine «Kritik» in ihrem Namen äußerte, wenn sie eine traditionelle Posi-
tion nicht anerkannte. Selbst in der Küche segelte sie in den höchsten
Flügen der deutschen Spekulation. Anfangs nahm dies ironischerweise
die Form des Abschwörens dessen, was Santayana den «Egoismus» in der
deutschen Philosophie nannte, zugunsten der Politik, des öffentlichen
Raums und der griechischen Tradition der *Polis* ein.

«The New York Review of Books», 24. Juni 1982

Karl Popper
Hannah Arendts Popularität unter den Intellektuellen ihrer Zeit verdeut-
licht Julien Bendas These der «Trahison des clercs», des Verrats der Intellektuellen. Ihr Verrat besteht in ihrem romantischen Versuch, klarer als
die Vernunft selbst zu sein und den Romantizismus von einer Philosophie
der Nostalgie zu einer Philosophie der Macht, der Macht der Unvernunft,
zu erheben. (Heute greift man die Vernunft dadurch an, daß man sie mit
der Atombombe in Verbindung bringt.)

Mir scheint, daß Arendts höchst überschätzter Begriff der *Banalität des
Bösen* in seinem unbewußten Ursprung eine Verteidigung Heideggers
und des Romantizismus sein könnte. Wenn das Böse in seinem Wesen
banal ist (unser Unbewußtes neigt dazu, «ist» als Identität zu übersetzen),
dann können Heidegger und der Romantizismus nicht böse sein; denn sie
sind natürlich nicht banal.

«Times Literary Supplement», 10. September 1982

Daniel Cohn-Bendit
Ich verstehe mich, um einen Begriff von Hannah Arendt zu übernehmen,
als Paria. Der Jude als Paria. Hannah Arendt hat vier Beispiele genannt:
Heine war der Schlemihl, der Mensch, der versucht, in einer Traumwelt
zu herrschen; Lazare war der bewußte Paria, ein jüdischer Philosoph;
Charlie Chaplin war der suspekte Jude, der aber, und das war eine Leistung, einer der wenigen Juden war, die von der ganzen Welt geliebt wurden, ein Jude, der den kleinen Mann repräsentierte und zum Symbol des
Menschen wurde; und als letzter Kafka, der Mensch mit dem guten Willen. Gut, ich wäre froh, sie hätte mich dann genannt, als fünften, vielleicht als Till Eulenspiegel.

«Die Zeit», 5. Dezember 1986

Bibliographie

1. Primärliteratur

a) Buchveröffentlichungen

Der Liebesbegriff bei Augustin. Versuch einer philosophischen Interpretation, Berlin 1929. Neuherausgabe Berlin–Wien 2003

Herausgabe von: BERNARD LAZARE, Job's Dung Heap, New York 1948

Sechs Essays, Heidelberg 1948. Gekürzter Nachdruck mit dem Titel: Die verborgene Tradition, Frankfurt a. M. 1976

The Origins of Totalitarianism, New York 1951 (dt. Elemente und Ursprünge totaler Herrschaft, Frankfurt a. M. 1955)

Herausgabe von: HERMANN BROCH, Dichten und Erkennen und: Erkennen und Handeln, Essays, 2 Bde., Zürich 1955, mit einer Einleitung (= Bde. 6, 7 der gesammelten Werke); Einleitung auch in Menschen in finsteren Zeiten

Fragwürdige Traditionsbestände im politischen Denken der Gegenwart, Frankfurt a. M. 1957

The Human Condition. Chicago 1958 (dt. Vita activa oder Vom tätigen Leben, Stuttgart 1960)

Rahel Varnhagen: The Life of a Jewess, London 1958 (dt. Rahel Varnhagen: Lebensgeschichte einer deutschen Jüdin aus der Romantik, München 1959)

Die ungarische Revolution und der totalitäre Imperialismus, München 1958 (auch in In der Gegenwart)

Von der Menschlichkeit in finsteren Zeiten. Rede über Lessing, München 1960 (Hamburg 1999, auch in Menschen in finsteren Zeiten)

Between Past and Future. Six Exercises in Political Thought, New York 1961, erw. Aufl. 1968

Eichmann in Jerusalem: A Report on the Banality of Evil, New York 1963 (dt. Eichmann in Jerusalem: Ein Bericht von der Banalität des Bösen, München 1964)

Über die Revolution, München 1963

Men in Dark Times, New York 1968 (dt. Menschen in finsteren Zeiten, erw. Ausg., München 1989)

Herausgabe von: WALTER BENJAMIN, Illuminations, New York 1968; mit einer Einleitung

On Violence. New York 1970 (dt. Macht und Gewalt, München 1975)

Walter Benjamin – Bertolt Brecht: Zwei Essays, München 1971

Crisis of the Republic. New York 1972

Wahrheit und Lüge in der Politik, München 1972

REIF, ADELBERT (Hg.). Gespräche mit Hannah Arendt, München 1976

The Life of the Mind, New York 1978, 2 Bde. (dt. Vom Leben des Geistes, Bd. 1 Das Denken, Bd. 2 Das Wollen, München 1979)

The Jew as Pariah: Jewish Identity and Politics in the Modern Age, Hg. von RON H. FELDMAN, New York 1978

Lectures on Kant's Political Philosophy. Hg. von RONALD BEINER, Chicago 1982 (dt. Das Urteilen. Texte zu Kants politischer Philosophie, München 1985)

Hannah Arendt – Karl Jaspers, Briefwechsel 1926–1969, München 1985

Zur Zeit. Politische Essays. Hg. von MARIE LUISE KNOTT, Berlin 1986, aktualisierte, erw. Neuausg. 1999

Essays und Kommentare, Bd. 1: Nach Auschwitz (hg. von EIKE GEISEL); Bd. 2: Die Krise des Zionismus (hg. von EIKE GEISEL und KLAUS BITTERMANN), Berlin 1989

Was ist Existenzphilosophie? Frankfurt a. M. 1990

Israel, Palästina und der Antisemitismus. Hg. von EIKE GEISEL und KLAUS BITTERMANN. Aus dem Amerik. von Eike Geisel, Berlin 1991

Was ist Politik? Aus dem Nachlaß herausgegeben von URSULA LUDZ. Vorwort von Kurt Sontheimer, München 1994

Essays in Understanding: 1930–54. Hg. von JEROME KOHN, New York 1993

Hannah Arendt – Mary McCarthy, Im Vertrauen. Briefwechsel 1949–1975. Hg. und mit einer Einführung von CAROL BIGHTMAN, München 1995

Zwischen Vergangenheit und Zukunft. Übungen im politischen Denken I. Hg. von URSULA LUDZ, München 1994

Hannah Arendt – Kurt Blumenfeld, «… in keinem Besitz verwurzelt.» Die Korrespondenz. Hg. von INGEBORG NORDMANN und IRIS PILLING, Hamburg 1995

Hannah Arendt – Heinrich Blücher, Briefe 1936–1968. Hg. und mit einer Einführung von LOTTE KÖHLER, München 1996

Hannah Arendt – Hermann Broch, Briefwechsel 1946–1951. Hg. von PAUL MICHAEL LÜTZELER, Frankfurt a. M. 1996

Ich will verstehen. Selbstauskünfte zu Leben und Werk. Mit einer vollständigen Bibliographie. Hg. von URSULA LUDZ, München 1996

Hannah Arendt – Martin Heidegger. Briefe 1925–1975 und andere Zeugnisse. Aus den Nachlässen hg. von URSULA LUDZ, Frankfurt a. M. 1998

In der Gegenwart. Übungen im politischen Denken II. Hg. von URSULA LUDZ, München 2000

Vor Antisemitismus ist man nur noch auf dem Monde sicher. Beiträge für die deutsch-jüdische Emigrantenzeitung «Aufbau» 1941–1945. Hg. von MARIE MUISE KNOTT, München 2000

The Portable Hannah Arendt. Hg. von Peter Baehr, Harmondsworth 2000

Denktagebuch 1950–1973. 2 Bde., hg. von URSULA LUDZ und INGEBORG NORDMANN, München 2002

Hannah Arendt – Paul Tillich. Briefwechsel. Hg. von ALF CHRISTOPHERSEN und CLAUDIA SCHULZE. In: Zeitschrift für neuere Theologiegeschichte, Bd. 9, Heft 1, 2002

Karl Marx and the Tradition of Western Political Thought. Auszüge. Hg. von JEROME KOHN. In: Social Research, 69/2, 2002

Responsibility and Judgment. Hg. und eingeleitet von JEROME KOHN, New York 2003

Hannah Arendt – Uwe Johnson. Der Briefwechsel. Hg. von EBERHARD FAHLKE und THOMAS WILD, Frankfurt a. M. 2004

b) Aufsätze

Augustin und Protestantismus. In: Frankfurter Zeitung, Nr. 902, 12. April 1930 (engl. in Essays in Understanding)

Rilkes Duineser Elegien, mit G. Stern. In: Neue Schweizer Rundschau, Zürich, 23, H. 11, 1930, S. 855–871

Berliner Salon und: Brief Rahels an Pauline Wiesel. In: Deutscher Almanach für das Jahr 1932, Leipzig 1932, S. 175–184, 185–190 (engl. in Essays in Understanding)

Sören Kierkegaard. In: Frankfurter Zeitung. Nr. 75–76, 29. Januar 1932 (engl. in Essays in Understanding)

Aufklärung und Judenfrage. In: Zeitschrift für die Geschichte der Juden in Deutschland, Berlin, 4/2–3,1932, S. 65–77 (auch in Die verborgene Tradition)

Friedrich von Gentz. Zu seinem 100. Todestag am 9. Juni. In: Kölnische Zeitung, Nr. 308, 8. Juni 1932 (engl. in Essays in Understanding)

Adam Müller–Renaissance? In: Kölnische Zeitung, Nr. 501, 13. September 1932, Nr. 510, 17. September 1932

Rahel Varnhagen. Zum 100. Todestag. In: Kölnische Zeitung, Nr. 131, 7. März 1933 (auch in Jüdische Rundschau 28/12, 7. April 1933)

Ein Mittel zur Versöhnung der Völker. In: Porvenir. Zeitschrift für alle Fragen des jüdischen Lebens. Bd. 3, 1942, S. 125–130

From the Dreyfuß-Affair to France Today. In: Jewish Social Studies, 4. Juli 1942, S. 195–240

We Refugees. In: The Menorah Journal, 31. Januar 1943, S. 69–77 (dt. in Zur Zeit)

Why the Crémieux Decree Was Abrogated. In: Contemporary Jewish Record, 6/2, 1943, S. 115–123

Our Foreign Language Groups. In: The Chicago Jewish Forum, 3/1, 1944, S. 23–34 (dt. in In der Gegenwart)

Race-Thinking before Racism. In: Review of Politics, 6/1, 1944, S. 36–73

The Jew as Pariah: A Hidden Tradition. In: Jewish Social Studies, 6/2, 1944, S. 99–122 (dt. in Die verborgene Tradition)

Franz Kafka: A Revaluation. In: Partisan Review, 11/4, 1944, S. 412–422 (dt. in Die verborgene Tradition)

Concerning Minorities. In: Contemporary Jewish Record, 7/4, 1944, S. 353–368

Approaches to the ‹German Problem›. In: Partisan Review, 12/1, 1945, S. 93–106 (dt. in Zur Zeit)

Organized Guilt and Universal Responsibility. In: Jewish Frontier, 12. Januar 1945, S. 19–23 (dt. in Sechs Essays, auch in In der Gegenwart)

Zionism Reconsidered. In: The Menorah Journal, 33/2, 1945, S. 162–196 (dt. in Die verborgene Tradition)

The Stateless People. In: Contemporary Jewish Record, 8/2, 1945, S. 137–153

Parties, Movements and Classes. In: Partisan Review, 11/4, 1945, S. 504–512 (dt. in Die Wandlung, 4/6, 1949, S. 451–473)

Imperialism, Nationalism, Chauvinism. In: Review of Politics, 7/4, 1945, S. 441–463

The Seeds of the Fascist International. In: Jewish Frontier, 12. Juni 1945, S. 12–16 (in Essays in Understanding)

Christianity and Revolution. In: The Nation, 22. September 1945, S. 288–289 (in Essays in Understanding)

Tentative List of Jewish Cultural Treasure in Axis-Occupied Countries. In: Supplement to Jewish Social Studies, 8/1, 1946. – Addenda and Corrigenda. In: a.a.O. 10/1, 1948

Privileged Jews. In: Jewish Social Studies, 8/1, 1946, S. 3–30

Imperialism: Road to Suicide. In: Commentary, 2, Februar 1946, S. 27–35 (dt. in Die verborgene Tradition)

French Existentialism. In: The Nation, 23. Februar 1946, S. 226–228

Tentative List of Jewish Educational Institutions in Axis-Occupied Countries. In: Supplement to Jewish Social Studies, 8/3, 1946

The Jewish State: 50 Years After. Where Have Herzl's Politics Led? In: Commentary, 2, Mai 1946, S. 1–8

What is Existenz Philosophy? In: The Partisan Review, 8/1, 1946, S. 34–56 (dt. in Sechs Essays, Frankfurt a. M. 1990)

Creating a Cultural Atmosphere. In: Commentary, 4, November 1947, S. 424–426

Tentative List of Jewish Periodicals in Axis-Occupied Countries. In: Supplement to Jewish Social Studies, 9/3, 1947

Beyond Personal Frustration: The Poetry of Bertolt Brecht. In: The Kenyon Review, 10/2, 1948, S. 304–312 (dt. in Die neue Rundschau, 61, 1950, S. 53–67)

To Save the Jewish Homeland: There is Still Time. In: Commentary, 5. Mai 1948, S. 398–406

The Concentration Camps. In: Partisan Review, 15/7, 1948, S. 743–763 (dt. in Die Wandlung, 3/4, 1948, S. 309–333)

The Mission of Bernadotte. In: The New Leader, 31, 23. Oktober 1948, S. 808–819

About Collaboration. Ein Leserbrief. In: Jewish Frontier, 15. Oktober 1948, S. 55–56

Leserbrief mit Isidore Abramowitz, Albert Einstein u. a. zum Besuch Begins in den USA. In: The New York Times, 4. Dezember 1948 (dt. in Pflasterstrand, Sondernummer Palästina, September 1982)

Totalitarian Terror. Bespr. von David J. Dallin/Boris I. Nicolaevsky, Forced Labor in Soviet Russia. In: Review of Politics, 11/1, 1949, S. 112–115

The Rights of Man: What Are They? In: Modern Review, 3/1, 1949, S. 24–37 (Dt. in Die Wandlung, 4, 1949, S. 754–770 und: O. HÖFFE u. a. (Hg.), Praktische Philosophie/Ethik, Bd. 2, Frankfurt a. M. 1981, S. 152–166)

The Achievement of Hermann Broch. In: The Kenyon Review, 11/3, 1949, S. 476–483 (dt. in Der Monat, 1, H. 8/9. 1948/49, S. 147–151)

Peace or Armistice in the Near East? In: Review of Politics, 12/1, 1950, S. 56–82

Social Science Techniques and the Study of Concentration Camps. In: Jewish Social Studies, 12/1, 1950, S. 49–64 (in Essays in Understanding)

Religion and the Intellectuals. A Symposium. In: Partisan Review, 17/2, 1950, S. 113–116 (in Essays in Understanding)

The Imperialist Character. In: Review of Politics, 12/3, 1950, S. 303–320 (dt. in Der Monat 2, Nr. 24, 1950, S. 509–522)

Mob and the Elite. In: Partisan Review, 17/8, 1950, S. 808–819 (dt. in Hochland, 44/6, August 1952, S. 511–524)

Der Dichter Bertolt Brecht. In: Neue Rundschau, 1950, S. 53–67

The Aftermath of Nazi Rule, Report from Germany. In: Commentary, 10, 1950, S. 342–353 (dt. in Zur Zeit und in In der Gegenwart)

A Correction. Leserbrief. In: Commentary, 10, 1950, S. 496

Totalitarian Movement. In: Twentieth Century, 149, Mai 1951, S. 368–389

Totalitäre Propaganda. In: Der Monat, 3, Nr. 33, 1951, S. 241–258

Die Geheimpolizei: Ihre Rolle im totalitären Herrschaftsapparat. In: Der Monat, 4, Nr. 46, Juli 1952, S. 370–388

Magnes, the Conscience of the Jewish People. In: Jewish Newsletter, 8/24, 24. November 1952

A Reply. Rejoinder to Eric Voegelin's Review of ‹The Origins of Totalitarianism›. In: Review of Politics, 15/1, 1953, S. 76–85 (in Über den Totalitarismus. Texte Hannah Arendts aus den Jahren 1951 und 1953. Hg. vom Hannah Arendt Institut für Totalitarismusforschung e.V., Dresden 1998)

The Ex-Communists. In: Commonweal, 57/24, 1953, S. 595–599 (dt. in Aufbau, 19/31, 31. Juli 1953, S. 19; 19/32, 7. August 1953, S. 13, 16, auch in In der Gegenwart)

Ideology and Terror: A Novel Form of Government. In: Review of Politics, 40/3, 1953, S. 303–327 (dt. in Elemente und Ursprünge totaler Herrschaft, und: Offener Horizont. Festschrift für Karl Jaspers, München 1953)

Understanding and Politics. In: Partisan Review, 20/4, 1953, S. 377–392 (dt. in Zwischen Vergangenheit und Zukunft)

Religion and Politics. In: Confluence, 2/3, 1953, S. 105–126 (dt. in Zwischen Vergangenheit und Zukunft)

Philosophy and Politics, 1954. In: Social Research 57/1, 1990 (dt. in Deutsche Zeitschrift für Philosophie, Jg. 41, H. 2, 1993, S. 381–400)

Concern with Politics in Recent European Philosophical Thought. Ms. ca. 1954 (frz. in: Les Cahiers de Philosophie, 4/1987, S. 7–28)

Tradition and the Modern Age. In: Partisan Review, 21/1, 1954, S. 53–75 (dt. in Zwischen Vergangenheit und Zukunft)

Europe and America: Dream and Nightmare. In: Commonweal, 60/23, 10. September 1954, S. 551–554 (dt. in Zur Zeit)

Europe and the Atom Bomb. In: Commonweal, 60/24, 17. September 1954, S. 578–580 (dt. in Zur Zeit)

Europe and America: The Threat of Conformism. In: Commonweal 60/25, 24. September 1954, S. 607–610 (dt. in Zur Zeit)

The Personality of Waldemar Gurian. In: Review of Politics, 17/1, 1955, S. 33–42

Was ist Autorität? In: Der Monat, 8, H. 89, 1956, S. 29–44 (auch in Zwischen Vergangenheit und Zukunft)

Authority in the Twentieth Century. In: Review of Politics, 18/4, 1956, S. 403–417

Natur und Geschichte. Die Anfänge der griechischen Geschichtsschreibung. In: Universitätszeitung Göttingen, 12/8, 24. April 1957, S. 6–9; 12/9, 15. Mai 1957, S. 9–14 (auch in Zwischen Vergangenheit und Zukunft)

Karl Jaspers: Bürger der Welt. In: P. A. Schilpp (Hg.), Karl Jaspers. Stuttgart 1957, S. 532–543. (Auch in Hans Saner (Hg.), Karl Jaspers in der Diskussion, München 1973, S. 407–417, und in Menschen in finsteren Zeiten)

History and Immortality. In: Partisan Review, 24/1, 1957, S. 11–53 (auch in Between Past and Future)

Mißtrauen gegen Kultur. In: Die Kultur, 6, Nr. 112, 1957/58, S. 10

Totalitarian Imperialism: Reflections on the Hungarian Revolution. In: Journal of Politics, 20/1, 1958 (dt. erweitert Die ungarische Revolution und der totalitäre Imperialismus)

Die Krise in der Erziehung; Gedanken zur ‹progressive Education›. In: Der Monat, 11, H. 124, 1958/59, S. 48–61, auch in Zwischen Vergangenheit und Zukunft

Totalitarianism. In: The Meridian, 2/2, 1958, S. 1

Kultur und Politik. In: Merkur, 12, H. 130, 1958, S. 1122–1145 (auch in Zwischen Vergangenheit und Zukunft)

Freiheit und Politik. In: Die neue Rundschau, 69/4, 1958, S. 670–694 (auch in Zwischen Vergangenheit und Zukunft

Reflections on Little Rock. In: Dissent, 6/1, 1959, S. 45–56. – In ders. Ausgabe: A Reply to Critics. – Reply to Sidney Hook's Letter ‹Hannah Arendt's Reflections›. In: a. a. O., 6/2, 1959, S. 203–04 (dt. in Zur Zeit und in In der Gegenwart)

Society and Culture. In: Daedalus, 82/2, 1960, S. 278–287 (auch in Between Past and Future)

Revolution and Public Happiness. In: Commentary, 30. November 1960, S. 413–422

Humanitas. (Laudatio für Karl Jaspers) In: Friedenspreis des deutschen Buchhandels 1951–1960, Frankfurt a. M. 1961 (auch in Menschen in finsteren Zeiten)

Action and ‹The Pursuit of Happiness›. In: A. Dempf, H. Arendt, F. Engel-Janosi (Hg.), Politische Ordnung und Menschliche Existenz: Festgabe für Eric Voegelin, München 1962, S. 1–16

Diskussionsbeiträge. In: Heinz Küppers (Hg.), 10. Europäisches Gespräch, Sachverstand und Politik in der Demokratie. Köln-Deutz 1962, S. 176–177, 234–237, 290–294

Revolution and Freedom: A Lecture. In: In Zwei Welten: Siegfried Moses zum Fünfundsiebzigsten Geburtstag, Tel Aviv 1962

The Cold War and The West. In: Partisan Review, 29/1, 1962, S. 10–20 (dt. in In der Gegenwart)

Leserbrief. In: Midstream, 8, Sommer 1962, S. 86

A Reporter at Large: Eichmann in Jerusalem. In: The New Yorker, 16. Februar, 23. Februar, 2. März, 9. März, 16. März 1963 (dt. Eichmann in Jerusalem)

Reply to Judge Musmanno. In: The New York Times Book Review, 8/4, 23. Juni 1963, S. 4

Ein Briefwechsel über Hannah Arendts Buch ‹Eichmann in Jerusalem›. (Mit Gershom Scholem) In: Neue Zürcher Zeitung, 19. Oktober 1963 (Brief an Scholem in Ich will verstehen)

Man's Conquest of Space. In: The American Scholar, 32, Herbst 1963, S. 527–540 (auch in Between Past and Future)

Sie haben mich mißverstanden. (Antworten auf Kritiken an ‹Eichmann in Jerusalem›.) In: Aufbau, 20. Dezember 1963, S. 17–18

Kennedy and After. In: The New York Review of Books, 1/9, 26. Dezember 1963, S. 10 (dt. in In der Gegenwart)

Wahrheit und Politik. In: Die politische Verantwortung der Nichtpolitiker. Hg. Das Heidelberger Studio, München 1964 (überarbeitet in Wahrheit und Lüge in der Politik und in In der Gegenwart), S. 159–176

Der ‹Fall Eichmann› und die Deutschen. Ein Gespräch mit Thilo Koch in der Sendereihe Panorama der ARD, 24. Januar 1964. In: A. Reif (Hg.), Gespräche mit Hannah Arendt (auch in Ich will verstehen)

The Deputy: Guilt by Silence. In: The New York Herald Tribune, 23. Februar 1964, S. 6–9 (dt. in Neue Deutsche Hefte, 11, H. 101, S. 11–123)

Personal Responsibility under Dictatorship. In: The Listener, 6. August 1964, S. 185–187, 205 (dt. in Zur Zeit)

Was bleibt? Es bleibt die Muttersprache. Ein Gespräch mit Günter Gaus in der Reihe ‹Zur Person›, ZDF, 28. Oktober 1964. In: A. Reif (Hg.), Gespräche mit Hannah Arendt (auch in Ich will verstehen)

Krieg und Revolution. In: Merkur, 19/1, 1965, S. 1–19

Kennedy and the Intellectuals. Eine Rundfunkdiskussion. In: Alfred Alvarez,

Under Pressure. The Writer in Society: Eastern Europe and the USA, London 1965, S. 99–126

Politik und Verbrechen. Ein Briefwechsel (mit H. M. Enzensberger). In: Merkur, 19/4, 1965, S. 380–385

The Formidable Dr. Robinson: A Reply to the Jewish Establishment. In: The New York Review of Books, 2, 20. Januar 1966, S. 26–30

Vorwort zu: Bernd Naumann, Auschwitz. New York 1966

Remarks on ‹The Crisis Character of Modern Society›. In: Christianity and Crisis, 26/9, 1966, S. 112–114

Leserbrief an ‹Der Spiegel›, 17. Oktober 1966, S. 12–13

What is Permitted to Jove? In: The New Yorker, 5. November 1966, S. 68–122 (dt. in Benjamin, Brecht)

Leserbrief. In: The New York Review of Books, 7/7, 1. Dezember 1966, S. 46

Vorwort zu: J. Glenn Gray, The Warriors, 2. Auflage, New York 1967 (dt. Homo furens oder Braucht der Mensch den Krieg? Hamburg 1970, auch in In der Gegenwart)

Vorwort zu: Karl Jaspers, The Future of Germany, Chicago 1967 (dt. in In der Gegenwart)

Randall Jarrell: 1914–1965. In: Robert Lowell u.a. (Hg.), Randall Jarrell, 1914–1965, New York 1967 (auch in Menschen in finsteren Zeiten)

Truth and Politics. In: The New Yorker, 25. Februar 1967, S. 49–88 (dt. in Wahrheit und Lüge in der Politik)

Comment by Hannah Arendt an Adam Ulam, The Uses of Revolution. In: Richard Pipes (Hg.), Revolutionary Russia, Cambridge/Mass. 1968

Karl Jaspers zum 85. Geburtstag. Bayrischer Rundfunk 23. Februar 1968. In: K. Piper/H. Saner (Hg.), Erinnerungen an Karl Jaspers. München/Zürich 1974, S. 311–315

He's all Dwight: Dwight Macdonald's Politics. In: The New York Review of Books, 11/2, 1. August 1968, S. 31–33

Is America by Nature a Violent Society? Lawlessness Is Inherent in the Uprooted. In: The New York Times Magazine, 28. April 1968, S. 24

Walter Benjamin. In: The New Yorker, 19. Oktober 1968, S. 65–156 (dt. in Benjamin, Brecht)

Walter Benjamin und das Institut für Sozialforschung. Noch einmal. Merkur, 22, H. 246, Oktober 1968, S. 968

Isak Dinesen: 1885–1962. In: The New Yorker, 9. November 1968, S. 223–236 (= Karen Blixen. – Auch in Menschen in finsteren Zeiten. Dt. gekürzt in Die Tageszeitung, 2. Oktober 1986)

Ansprache anläßlich der öffentlichen Gedenkfeier der Universität Basel am 4. März 1969 zum Tode Jaspers'. In: Basler Universitätsreden, 60. Heft, 1969 (auch in Arendt/Jaspers, Briefwechsel)

Reply to Critics. In: New York Review of Books, 12/12, 19. Juni 1969, S. 38

Reflections on Violence. In: Journal of International Affairs, 23/4, Winter 1969, S. 1–35 (dt. in Merkur, 24, H. 261, 1970, S. 1–24; auch in Macht und Gewalt)

The Archimedian Point. In: Ingenor, 6, Univ. of Michigan, Frühjahr 1969, S. 4–9, 24–26 (dt. in In der Gegenwart)

Martin Heidegger ist achtzig Jahre alt. In: Merkur, 23, H. 258, 1969, S. 893–902 (auch in Menschen in finsteren Zeiten)

Was denkt Brecht von Stalin? Briefwechsel mit Sidney Hook. In: Merkur, 23, H. 259, 1969, S. 1082–1084

Leserbrief zu L. M. Camerons Besprechung von ‹Between Past and Future› und ‹Men in Dark Times›. In: The New York Review of Books, 13, 1. Januar 1970, S. 36

Politik und Revolution. Presse-Gespräch mit Adelbert Reif. In: Die Zeit, 30. Oktober 1970 (auch in: A. Reif [Hg.], Gespräche mit Hannah Arendt)

Civil Disobedience. In: The New Yorker, 12. September 1970, S. 70–105 (dt. in Zur Zeit und in In der Gegenwart)

Uni schon kaputt? In: Neues Forum, Wien, Nr. 205/06, 1970, S. 1149–1152

Theater for Ideas-Diskussionen: The First Amendment and the Politics of Confrontation. – The Legitimacy of Violence as a Political Act? – The Impotence of Power. In: Alexander Klein, Dissent, Power and Confrontation, New York 1971

In der zweiten Phase der demokratischen Revolution? Krisensymptome westlicher Demokratie – Ausgangsbeispiel USA. Forumgespräch am 11. Mai 1971 mit H. Arendt, H. Dichgans. A. Gehlen, W. Maihofer, D. Sternberger. In: A. Reif (Hg.), Gespräche mit H. Arendt

Thinking and Moral Considerations: A Lecture. In: Social Research, 38/3, Herbst 1971, S. 417–446 (dt. in Zwischen Vergangenheit und Zukunft)

Lying and Politics: Reflections on the Pentagon Papers. In: The New York Review of Books, 17/8, 18. November 1971, S. 30–39) (dt. in Wahrheit und Lüge in der Politik)

Nachwort zu Robert Gilbert, Mich hat kein Esel im Galopp verloren, München 1972 (auch in Menschen in finsteren Zeiten)

On Hannah Arendt. Teilnahme an der Konferenz über ‹The Work of Hannah Arendt› der Toronto Society for the Study of Social and Political Thought, 1972. In: Melvyn A. Hill (Hg.), Hannah Arendt: The Recovery of the Public World (dt. in Ich will verstehen)

Leserbrief ‹Washington's «Problem-Solvers» – Where They Went Wrong›. In: The New York Times, 5. April 1972

Karl Jaspers zum fünfundachtzigsten Geburtstag. In: H. Saner (Hg.), Erinnerungen an Karl Jaspers, München 1974, S. 311–315

Remembering Wystan H. Auden. In: The New Yorker, 20. Januar 1975, S. 39–40 (dt. in Menschen in finsteren Zeiten)

Legitimität der Lüge in der Politik? Forumsgespräch am 27. Mai 1975 mit H. Arendt, S. Haffner, B. Vogel, H.-F. Hölters. In: A. Reif (Hg.), Gespräche mit Hannah Arendt

Home to Roost. A Bicentennial Adress. In: The New York Review of Books, 19, 26. Juni 1975, S. 3–6 (dt. in Zur Zeit, und in In der Gegenwart)

o. T. (Zu Heideggers 80. Geburtstag 1969). In: o. Hg, Dem Andenken Martin Heideggers. Zum 26. Mai 1976, Frankfurt a. M. 1977, S. 9

Public Rights and Private Interests. In: Michael Mooney/Florian Stuber (Hg.), Small Comforts for Hard Times: Humanists on Public Policy, New York 1977

Reflections. In: The New Yorker, 21. November 1977, S. 65–140; 28. November 1977, S. 114–163; 5. Dezember 1977, S. 135–216 (dt. Das Denken, Bd. 1: Vom Leben des Geistes)

From an Interview. – Mit Roger Errera. In: The New York Review of Books, 25/16, 26. Oktober 1978, S. 18 (dt. in Ich will verstehen)

Le grand jeu du monde. (Rede anläßlich der Sonning-Preis-Verleihung in Kopenhagen 1975) In: Esprit, Paris 7–8, 1982, S. 21–29

Philosophy and Politics. In: Social Research, 57/1, 1990, S. 73 ff. (dt. in: Deutsche Zeitschrift für Philosophie, 41/2, 1993, S. 381–400)

Zur Erkenntnis einer gefährlichen Zeiterscheinung. (Hannah Arendt und die Ex-Kommunisten.) Mit einem Kommentar von Klaus Naumann. In: Mittelweg 36 (Hamburg), 2, 1993, April–Mai, S. 30–39

c) Rezensionen

Karl Mannheim, Ideologie und Utopie (Philosophie und Soziologie). In: Die Gesellschaft, 7, 1930, S. 163–176

Hans Weil, Die Entstehung des deutschen Bildungsprinzips. In: Archiv für Sozialwissenschaft und Sozialpolitik, 66, 1931, S. 200–205

Alice Rühle-Gerstel, Das Frauenproblem der Gegenwart, 1932. In: Die Gesellschaft, 10, 1933, S. 177–179

P. R. Sweet, Friedrich Gentz: Defender of the Old Order, Madison/Wis. 1941. In: Review of Politics, 4/2, April 1942, S. 245–247

Howard L. Brooks, Prisoners of Hope. Report on a Mission, New York 1942. In: Jewish Social Studies, 5/1, Januar 1943, S. 79–80

Bruno Weil, Dreyfuß. Historia del Crimen Judical más Escandalosa del Siglo XX. Buenos Aires, 1941. In: Jewish Social Studies, 5/2, April 1943, S. 205

Stefan Zweig. Die Welt von Gestern. Erinnerungen eines Europäers (Portrait of a Period). In: The Menorah Journal, 31, Herbst 1943, S. 307–314 (dt. Juden in der Welt von gestern, in Die verborgene Tradition)

Neville Lytton. Life in Unoccupied France. London 1942. In: Jewish Social Studies, 6/1, Januar 1944, S. 85

Waldo Frank, The Jew in Our Day, New York 1944. In: Aufbau, 10/38, 22. September 1944, S. 13–14

Eugene M. Kulischer, The Displacement of Population in Europe, Montreal 1943. In: Jewish Social Studies, 7/1, Januar 1945, S. 88–89

Charles A. Micaud, The French Right and Nazi Germany 1933–39. A Study of Public Opinion, 7/2, April 1945, S. 187–188

Meyer W. Weisgal (Hg.), Chaim Weizman (The Assets of Personality). In: Contemporary Jewish Record, 8/2, April 1945, S. 214–216

Denis de Rougemont. The Divil's Share, New York 1944 (Nightmare and Flight). In: Partisan Review, 12/2, Frühjahr 1945, S. 259–260

Wilhelm Dilthey, An Introduction by H. A. Hodges, London 1944 (Dilthey as Philosopher and Historian). In: Partisan Review, 13/3, Sommer 1945, S. 404–06

Feliks Gross, Crossroads of Two Continents, New York 1945 (Power Politics Triumphs). In: Commentary, 1, Dezember 1945, S. 92–93

Katharine Munro, France Yesterday and Today, London 1945. In: Jewish Social Studies, 8/2, April 1946, S. 143

Victor Lange, Modern German Literature, Ithaca 1945 (Proof Positive). In: The Nation, 5. Januar 1946, S. 2

Arthur Koestler, Twilight Bar, London 1945; The Yogi and the Commissar, New York 1945 (The Too Ambitious Reporter). In: Commentary, 2. Januar 1946, S. 94–95

J. T. Delos, La Nation. Montreal 1944 (The Nation). In: The Review of Politics, 8/1, Januar 1946, S. 138–141 (in Essays in Understanding)

The Jewish Black Book Committee. The Black Book: The Nazi Crime Against Jewish People, und Max Weinreich, Hitler's Professors, New York 1946 (The

Image of Hell). In: Commentary, 2/3, September 1946, S. 291–295 (in Essays in Understanding)

Robert Gilbert, Meine Reime, Deine Reime, New York 1946 (The Streets of Berlin). In: The Nation, 23. März 1946, S. 350–351

Oscar I. Janowsky, Nationalities and National Minorities, New York 1945. In: Jewish Social Studies, 8/3, Juli 1946, S. 204–205

Hermann Broch, Der Tod des Vergil (No Longer and Not Yet). In: The Nation, 14. September 1946, S. 300–302

John Dewey, Problems of Men, New York 1946 (The Ivory Tower of Common Sense). In: The Nation, 19. Oktober 1946, S. 447–449

O. V., The Dark Side of the Moon (The Hole of Oblivion). In: Jewish Frontier, Juli 1947, S. 23–26

Gershom Scholem, Major Trends in Jewish Mysticism, New York 1946 (Jewish History, Revised). In: Jewish Frontier, März 1948, S. 34–38

David J. Dallin/Boris I. Nicolaevsky, Forced Labor in Soviet Russia, New Haven 1947 (Totalitarian Terror). In: The Review of Politics, 11/1, Januar 1949, S. 112–115

Chaim Weizmann, Trial and Error. An Autobiography of Chaim Weizmann. New York 1949 (Single Track to Zion). In: Saturday Review of Literature, 32, 5. Februar 1949, S. 22–23

Robert F. Byrnes, Anti-Semitism in Modern France, Cambridge/Mass. 1951 (The Road to the Dreyfus Affair). In: Commentary, 11, Februar 1951, S. 201–203

Henry Picker, Hitlers Tischgespräche. Bonn 1951 (Bei Hitler zu Tisch). In: Der Monat, 4/37, Oktober 1951, S. 85–90

Léon Poliakov, Bréviaire de la Haine: Le IIIe Reich et les Juifs, Paris 1951 (The History of the Great Crime). In: Commentary, 13, März 1952, S. 300–304

Selma Stern, The Court Jew. A Contribution to the History of the Period of Absolution in Central Europe, Philadelphia 1950. In: Jewish Social Studies, 14/2, April 1952, S. 176–178

UNESCO (Hg.), Contemporary Political Science. A Survey of Methods, Research and Teaching, Publ. No. 426, Paris 1950. In: Jewish Social Studies, 15/3–4, Juli-Oktober 1953, S. 331

Waldemar Gurian, Bolshevism, Notre Dame 1952 (Understanding Communism). In: Partisan Review, 20/5, September-Oktober 1953, S. 580–583 (in Essays in Understanding)

Nathalie Sarraute, The Golden Fruits, New York 1964. In: The New York Review of Books, 2/2, März 1964, S. 5–6 (dt. in Merkur, 18/8, 1964, S. 785–792, und in Menschen in finsteren Zeiten)

Papst Johannes XXIII., Journal of a Soul, New York 1965 (The Christian Pope). In: The New York Review of Books, 4/10, 17. Juni 1965, S. 5–7 (dt. in Merkur 20/4, April 1966, S. 362–372, und in Menschen in finsteren Zeiten), Reply 5/3, 16. September 1965, S. 26

Konrad Adenauer, Memoirs, Chicago 1966 (The Negatives of Positive Thinking: A Measured Look at the Personality, Politics and Influence of Konrad Adenauer). In: Book Week of the Washington Post, 5. Juni 1966, S. 1, 11

J. P. Nettl, Rosa Luxemburg, New York 1966 (A Heroine of the Revolution). In: The New York Review of Books, 7/5, 6. Oktober 1966, S. 21–27 (dt. in Der Monat, 20, H. 243, 1968, S. 28–40, und in Menschen in finsteren Zeiten)

2. Sekundärliteratur

a) Bibliographien

Ludz, Ursula, Vollständige Bibliographie der Werke Arendts in: Hannah Arendt, Ich will verstehen, München 1996

Nordquist, Joan, Hannah Arendt: A Bibliography, Santa Cruz, CA 1989

b) Monographien und Zeitschriftensonderhefte

Abensour, M., e. a., Actes de Colloque Hannah Arendt, Paris 1989

Alte Synagoge Essen (Hg.), Hannah Arendt. «Lebensgeschichte einer deutschen Jüdin …» Essen 1995, und: Treue als Zeichen der Wahrheit. Hannah Arendt: Werk und Wirkung, Essen 1997

Althaus, Claudia, Erfahrung denken. Hannah Arendts Weg von der Zeitgeschichte zur politischen Theorie, Göttingen 2000

Amiel, Anne, La non-philosophie de Hannah Arendt, Paris 2001

Aschheim, Steven (Hg.), Hannah Arendt in Jerusalem, Berkeley 2001

Auer, Dick u. a. (Hg.), Arendt und Adorno, Frankfurt a. M. 2003

Barley, Delbert, Hannah Arendt. Einführung in ihr Werk, Freiburg/München 1990

Barnouw, Dagmar, Visible Spaces. Hannah Arendt and the German-Jewish Experience, Baltimore 1990

Benhabib, Seyla, Die melancholische Denkerin der Moderne, Berlin 1998

Bernauer, James W. (Hg.), Amor Mundi: Explorations in the Faith and Thought of Hannah Arendt, Dordrecht 1987

Bernstein, Richard J., Hannah Arendt and the Jewish Question, Oxford 1996

Bielefeld, Heiner, Wiedergewinnung des Politischen. Eine Einführung in Hannah Arendts politisches Denken, Würzburg 1993

Breier, Karl H., Hannah Arendt zur Einführung. Hamburg 1992

Brunkhorst, Hauke, Hannah Arendt, München 1999

Caloz-Tschopp, Marie-Claire, les sans-Etat dans la philosophie d'Hannah Arendt: les humains superflus, le droit d'avoir des droits et la citoyenneté, Lausanne 2000

Calhoun, Craig, und John McGowan (Hg.), Hannah Arendt & the Meaning of Politics, Minneapolis 1997

Cangiotti Marco, Ethos della politica. Studio su Hannah Arendt, Urbino 1990

Canovan, Margaret, Hannah Arendt. A Reinterpretation of her Political Thought, Cambridge 1992

Chaumont, Jean-Mchel, Autour de Auschwitz. De la critique de la modernité à l'assumption de la responsabilité historique. Une lecture de Hannah Arendt, Brüssel 1991

Christophersen, Claudia, «… es ist mit dem Leben etwas gemeint». Hannah Ahrendt über Rahel Varnhagen, Königstein 2002

Collin, Françoise, L'homme est-il devenu superflu? Paris 1999

Courtine-Denamy, Sylvie, Le soucie du monde. Dialogue entre Hannah Arendt et quelques-uns de ses contemporains, Paris 1999

Crick, Bernard, In Defence of Politics, Chicago 1972

Curtis, Kimberley, Our Sense Of the Real: Aesthetic Experience and Arendtian Politics, Ithaca 1999

Daimón, Revista de Filosofía, Departamento de Filosofía, Universidad de Murcia, Nr. 26, 2002

Dietz, Mary, Turning Operations: Feminism, Arendt, and Politics, New York 2002

Dossa, Shiraz, The Publik Realm and the Public Self: The Political Theory of Hannah Arendt, New Jersey 1989

Du. Die Zeitschrift für Kultur, Hannah Arendt. Mut zum Politischen! Heft 710, Oktober 2000

Duarte, André, O Pensamento à Sombra da Ruptura, São Paulo 2000

–, u. a. (Hg.), a banalização da violência: a atualidade do pensamento de Hannah Arendt, Rio de Janeiro 2004

Enegrén, André, La pensée politique de Hannah Arendt, Paris 1984

Esposito, Roberto (Hg.), La pluralità irrappresentabile. Il pensiero politico di Hannah Arendt, Genua 1987

–, Categorie dell' impolitico, Bologna 1988

Esprit, Paris 6, 1980

Estrada Saavedra, Marco, Die deliberative Rationalität des Politischen. Eine Interpretation der Urteilslehre Hannah Arendts, Würzburg 2002

Ettinger, Elzbieta, Hannah Arendt. Martin Heidegger. Eine Geschichte, München 1995

Études Phénoménologiques, Louvain-la-Neuve (Belgien), 1/2, 1985

Even-Granboulan, Geneviève, Une femme de pensée, Hannah Arendt. Mit einem Vorwort von P. Ricœur, Paris 1990

Flores d'Arcais, Paolo, Libertärer Existenzialismus. Zur Aktualität der Theorie von Hannah Arendt. Aus dem Italienischen von Ulrich Hausmann, Frankfurt a. M. 1993

Forti, Siniona, Vita della mente e tempo della polis. Hannah Arendt tra filosofia e politica, Milano, 2 ed., 1996

–, (Hg.), Hannah Arendt, Milano 1999

Ganzfried, Daniel, und Sebastian Hefti (Hg.), Hannah Arendt. Nach dem Totalitarismus, Hamburg 1997

Garner, Reuben (Hg.), The Realm of Humanitas. Responses to the Writings of Hannah Arendt, New York/Frankfurt a. M. 1990

Gordon, Mordechai, (Hg.), Hannah Arendt and Education, Boulder 2001

Gottsegen, Michael G., On the Political Thought of Hannah Arendt: Action, Self and World in the Search for a New Logos of Politics, New York 1993

Grossmann, Andreas, Hannah Arendts politische Philosophie, Hagen 1998

Grunenberg, Antonia, Arendt, Freiburg 2003

Gunnell, John G., Political Theory: Tradition and Interpretation, Cambridge 1979

Hannah Arendt Newsletter, No. 1–5, Hannover 1999–2001; jetzt unter: www.hannaharendt.net

Hermenau, Frank, Urteilskraft als politisches Vermögen, Lüneburg 1999

Heuer, Wolfgang, CITIZEN. Persönliche Integrität und politisches Handeln. Eine Rekonstruktion des politischen Humanismus Hannah Arendts, Berlin 1992

Hill, Melvyn A. (Hg.), Hannah Arendt: The Recovery of the Public World, New York 1979 (mit Aufsätzen von: M. Bakan, B. Crick, S. S. Draenos, M. Denneny, K. Frampton, P. Fuss, J. Glenn Gray, M. A. Hill, R. W. Major, J. Miller, B. Parekh, E. Young-Bruehl)

Hinchman, Lewis P., und Sandra K. Hinchman (Hg.), Critical Essays, New York 1994

Honig, Bonnie (Hg.), Feminist interpretations of Hannah Arendt, Penn State Press, 1995

Kahlert, Heike, und Claudia Lenz, Die Neubestimmung des Politischen. Denkbewegungen in Dialog mit Hannah Arendt, Königstein 2001

Kaplan, Gisela T., und Clive S. Kessler (Hg.), Hannah Arendt: Thinking, Judging, Freedom, Sydney 1989

Kateb, George, Hannah Arendt: Politics, Conscience, Evil. Totowa, NJ 1984

Kemper, Peter (Hg.), Die Zukunft des Politischen. Ausblicke auf Hannah Arendt, Frankfurt a. M. 1993

Kielmansegg, Peter (Hg.), Hannah Arendt and Leo Strauss, Cambridge 1995

Kristeva, Julia, Das weibliche Genie. I. Hannah Arendt, Berlin 2001

Krummacher, F. A. (Hg.), Die Kontroverse. Hannah Arendt. Eichmann und die Juden, Frankfurt a. M. 1964

Lafer, Celso, Hannah Arendt: Pensamento, Persuasão e Poder, 2., erw. Aufl. São Paulo 2003

–, A reconstrução dos direitos humanos. Um diálogo com o pensamento de Hannah Arendt, São Paulo 1988

Leibovici, Martine, Hannah Arendt, une juive, Paris, 1998

Les Cahiers Du Grif, Hannah Arendt, Nr. 33, 1986

Les Cahiers de Philosophie, Hannah Arendt. Confrontations, 4/1988

May, Derwent, Hannah Arendt: Eine bedeutende Repräsentantin deutsch-jüdischer Kultur, München 1990

May, Larry, und Jerome Kohn (Hg.), Hannah Arendt. Twenty Years After, Cambridge/Mass. 1996

Metapolítica, Mexico, Vol. 1, Núm. 2, Abril-Junio de 1997

Neumann, Bernd, u. a. (Hg.), The Angel of History is Looking back, Würzburg 2001

Nordmann, Ingeborg, Hannah Arendt, Frankfurt a. M. 1994

Opstaele, Dag Javier, Politik, Geist und Kritik. Eine hermeneutische Rekonstruktion von Hannah Arendts Philosophiebegriff, Würzburg 1999

Parekh, Bikhu, Hannah Arendt and the Search for a New Political Philosophy, New York 1981

Passerin d'Entrèves, Maurizio, The Political Philosophy of Hannah Arendt, London 1994

Pilling, Iris, Denken und Handeln als Jüdin, Frankfurt a. M. 1996

Pirro, Robert C., Hannah Arendt and the politics of tragedy, DeKalb 2001

Pitkin, Hannah Fenichel, The Attack of the Blob. Hannah Arendt's Concept of the Social, Chicago 1998

Reif, Adelbert (Hg.), Hannah Arendt. Materialien zu ihrem Werk. Wien/München/Zürich 1979 (mit Aufsätzen von: K. Buchheim, L. A. Cooper, M. Cranston, B. Crick, J. Glenn Gray, J. Habermas, E. Heller, E. Hobsbawm, F. Jonas, H. Jonas, J. Kaiser, H. Morgenthau, R. Nisbet, H. Pross, D. Sternberger, E. Vollrath, S. Wolin, E. Young-Bruehl)

Reist, Manfred, Die Praxis der Freiheit. Hannah Arendts Anthropologie des Politischen, Würzburg 1990

Response, New York, Sommer 1980

Ring, Jennifer, The political consequences of thinking: gender and Judaism in the work of Hannah Arendt, New York 1997

Robinson, Jacob, And The Crooked Shall Be Made Straight: The Eichmann Trial, The Jewish Catastrophe, and Hannah Arendt's Narrative, Philadelphia 1965

Roviello, Anne-Marie, Sens Commun et Modernité chez Hannah Arendt, Brüssel 1987

Salmagundi, 60, Frühjahr/Sommer 1983

Sánchez Muñoz, Cristina, Hannah Arendt. El espacio de la política, Madrid 2003

Savarino, Luca, Politica ed estetica. Saggio su Hannah Arendt, Torino 1997

Schäfer, Gert, Macht und öffentliche Freiheit. Studien zu Hannah Arendt, Frankfurt a. M. 1993

Serra, Teresa, L'autonomia del politico. Introduzione al pensiero di H. Arendt, Teramo 1984

Sharp, Gene, Social Power and Political Freedom, Boston 1980

Smith, Gary (Hg.), Hannah Arendt Revisited: Eichmann in Jerusalem und die Folgen, Frankfurt a. M. 2000

Social Research, New York, 44/1, 1977; 69/2, 2002

Taminiaux, Jacques, La fille des Thrace et le penseur professionnel. Arendt et Heidegger, Paris 1992

Tassin, Etienne, Le trésor perdu, Hannah Arendt, l'intelligence de l'action politique, Paris 1999

–, (Hg.), L'Humaine Condition Politique, Paris 2001

Thaa, Winfried, und Lothar Probst (Hg.), Die Entdeckung der Freiheit. Amerika im Denken Hannah Arendts, Berlin 2003

Tlaba, Gabriel M., Politics and Freedom: Human Will and Action in the Thought of Hannah Arendt, Lanham 1987

Tolle, Gordon J., Human Nature under Fire. The Political Philosophy of Hannah Arendt, Lanham 1982

Villa, Dana R., Arendt and Heidegger. The Fate of the Political, Princeton, NJ 1996

–, (Hg.), The Cambridge Companion to Hannah Arendt, Cambridge 2000

Vollrath, Ernst, Die Rekonstruktion der Politischen Urteilskraft, Stuttgart 1977

Wagenknecht, Achim, Einführung in die politische Philosophie Hannah Arendts, Marburg, 1995

Whitfield, Stephen J., Into the Dark: Hannah Arendt and Totalitarianism, Philadelphia 1980

Williams, Garrath (Hg.), Hannah Arendt: Critical Assessments of Leading Political Philosophers, London 2005

Young-Bruehl, Elisabeth, Hannah Arendt. For Love of the World, New Haven/London 1982 (dt. Hannah Arendt. Leben, Werk und Zeit, Frankfurt a. M. 1986)

c) Aufsätze

Abel, Lionel, Aesthetics of Evil: Hannah Arendt on Eichmann and the Jews. In: Partisan Review, 30/2, 1963, S. 211–230

Annales de L'Institut de Philosophie de l'Université de Bruxelles: Hannah Arendt et la Modernité, hg. von A.-M. Roviello und M. Weyembergh, Paris 1992 (mit Aufsätzen von: F. Collin, B. Flynn, R. Legros u. a.)

Aschheim, Steven, Nazism, Culture and The Origins of Totalitarianism: Hannah Arendt and the Discourse of Evil. In: New German Critique, 70, 1997, S. 117–139

Baehr, Peter, Identifying the Unprecedented: Hannah Arendt, Totalitarism and the Critique of Sociology. In: American Sociological Review, 67/6, 2002, S. 804–831

BAKAN, MILDRED, Arendt and Heidegger: The Episodic Intertwining of Life and Work. In: Philosophy and Social Criticism, 1/1987, S. 71–98

BAUMGART, REINHARD, Mit Mördern leben? Ein Nachwort zu Hannah Arendts Eichmann-Buch. In: Merkur, 19/5, 1965, S. 482–485

BEATTY, JOSEPH, Thinking and Moral Considerations: Socrates and Arendt's Eichmann. In: The Journal of Value Inquiry, Den Haag, 10, 1976, S. 266–278

BEINER, RONALD, Hannah Arendt and Leo Strauss: The Uncommenced Dialogue. In: Political Theory, 18/2, 1990, S. 238–254

BELL, DANIEL, The Alphabet of Justice. In: Partisan Review, 30/3, 1963, S. 417–429

BENEDIKT, HANS-JÜRGEN, Totalitarismus und Imperialismus im Jahre 1967. Fragen an Hannah Arendt. In: H. E. BAHR (Hg.), Weltfrieden und Revolution, Reinbek 1968

BENHABIB, SEYLA, Urteilskraft und moralische Grundlagen. In: Jahrbuch für philosophische Forschung, 41, 1987, S. 521–547

BLUHM, HARALD, Hannah Arendt und das Problem der Kreativität politischen Handelns. In: ders. und JÜRGEN GEBHARDT (Hg.), Konzepte politischen Handelns. Kreativität – Innovation – Praxen, Baden-Baden 2001

BOTSTEIN, LEON, Hannah Arendt: The Jewish Question. In: New Republic, 179/32, 21. Oktober 1978

–, The Jew as Pariah. Hannah Arendt's Political Philosophy. In: Dialectical Anthropology, New York, 8/1–2, 1983, S. 47–74

CANOVAN, MARGARET, A Case of Distorted Communication: A Note on Habermas and Arendt. In: Political Theory, 11, Februar 1983, S. 105–116

CHIBA, SHIN, Hannah Arendt on love and the political. In: Review of Politics, 57/3, 1995, S. 505–535

CLARK, BARRY, Beyond the Banality of Evil. In: British Journal of Political Science, 10/4, Oktober 1980, S. 417–439

COHEN, JACOB, Through Liberal Glasses Darkly. In: Jewish Frontier, 30, Januar 1963

COHEN, JEAN L., Rights, Citizenship, and the Modern Form of the Social: Dilemmas of Arendtian Republicanism. In: Constellations, 3/2, 1996, S. 164–208

CONNOLLY, WILLIAM E., A critique of pure politics. In: Philosophy and Social Criticism, 23/5, 1997, S. 1–26

DINER, DAN, Hannah Arendt Reconsidered: On the Banal and the Evil in Her Holocaust Narrative. In: New German Critique, 71, 1997, S. 177–190

DISCH, LISA, More Truth than Fact. In: Political Theory, 21/4, 1993, S. 665–694

DONOGHUE, DENIS, After Reading Hannah Arendt. In: Poetry, 100, Nr. 2, Mai 1962, S. 127–130

DOSSA, SHIRAZ, Human Status and Politics: Hannah Arendt on Holocaust. In: Canadian Journal of Political Science, 13/2, 1980, S. 309–323

–, Hannah Arendt's Political Theory: Ethics and Enemies. In: History of European Ideas, 13/4, 1991, S. 385–398

DOSTAL, ROBERT J., Judging Human Action: Arendt's Appropriation of Kant. In: The Review of Metaphysics, Washington, 37/4, Juni 1984, S. 725–755

DRAENOS, STAN, The Totalitarian Theme in Horkheimer and Arendt. In: Salmagundi, Nr. 56, Frühjahr 1982, S. 155–169

DUBIEL, HELMUT, Das nicht angetretene Erbe. Anmerkungen zu Hannah

Arendts politischer Theorie. In: Ders.: Ungewißheit und Politik, Frankfurt a. M. 1994, S. 29–66

ELSHTAIN, JEAN BETHKE, Hannah Arendt and the French Revolution. In: Salmagundi, 84/1989, S. 203–213

ESPOSITO, ROBERTO, Politica e tradizione. Ad Hannah Arendt. In: Il Centauro, Neapel, Nr. 13/14, 1985, S. 97–136

–, Hannah Arendt tra ‹volonta› e ‹rappresentazione›. Per una critica del decisionismo. In: Il Mulino, 35, H. 303, Jan.-Febr. 1986, S. 95–121

FAYE, J. P., Mais qu'est-ce donc le totalitarisme? In: Quinzaine Littéraire 160, 15. März 1973

FEHÉR, FERENC, Freedom and the ‹Social Question›. In: Philosophy and Social Criticism, 1/1988, S. 1–30

–, The Pariah and the Citizen (on Arendt's Political Theory). In: Thesis Eleven, 1989, No. 15, S. 15–29

FINKIELKRAUT, ALAIN, Le jour et la nuit (Relecture de Hannah Arendt). In: Infini, 3, 1983, S. 3–13

FLYNN, BERNARD, The Places of the Work of Art in Arendt's Philosophy. In: Philosophy & Social Criticism 17, 1991, S. 217–228

FRIEDLANDER, ALBERT, The Arendt Report on Eichmann and the Jewish Community. In: Central Conference on American Rabbi Journal, 11/2, Oktober 1963, S. 55

GEBHARDT, JÜRGEN, Die Rehabilitierung der Politik. Anmerkungen zu Hannah Arendt. In: THOMAS GRETLEIN u. a. (Hg.), Inmitten der Zeit: Beiträge zur europäischen Gegenwartsphilosophie, Festschrift für Manfred Riedel, Würzburg 1996, S. 65–84

GELTMAN, MAX, Hannah Arendt and her critics. In: National Review, 16, 17. November 1964

GLAZER, NATHAN, Hannah Arendt's America. In: Commentary, 60, September 1975, S. 61–67

GREEN, MAXIME, Cognition and the Consciousness: Humanities and the Elementary School Teacher. In: Philosophical Exchange, 1, Sommer 1973, S. 43–62

HABERMAS, JÜRGEN, Hannah Arendts Begriff der Macht. In: Philosophisch-politische Profile. Erweiterte Ausgabe, Frankfurt a. M. 1981

HEATHER, GERALD P., und MATTHEW STOLZ, Hannah Arendt and the Problem of Critical Theory. In: Journal of Politics, 41/1, Februar 1979, S. 2–22

HELLER, AGNES, Imaginary Preface to the ‹Origins of Totalitarism›. In: Dies./FERENC FEHÉR, Eastern Left – Western Left, New York/Cambridge 1986

–, Hannah Arendt on the ‹vita contemplativa›. In: Philosophy and Social Criticism, 4/1987, S. 281–296

HINCHMAN, LEWIS P., und SANDRA K. HINCHMAN, In Heidegger's Shadow: Hannah Arendt's Phenomenological Humanism. In: The Review of Politics, 46/2, 1984, S. 183–211

HINCHMAN, SANDRA, Common sense and political barbarism in the thought of Hannah Arendt. In: Polity 17/2, 1984, S. 317–339

HOLTHUSEN, H. E., Plädoyer für den Einzelnen. In: Reformatio. Zeitschrift für evangelische Kultur und Politik, Zürich, 14/3, 1965, S. 140–154

–, Hannah Arendt, Eichmann und die Kritiker. In: Vierteljahreshefte für Zeitgeschichte, 13/2, 1965, S. 178–190

HONEYWELL, J. A., Revolution: Its Potentialities and its Degradations. In: Ethics, 80, Juni 1970, S. 251–265

Honig, Bonnie, Arendt, Politics and Self III: Arendt Identity and Difference. In: Political Theory, 16/1, 1988, S. 77 ff.

–, The Politics of Agonism. In: Political Theory, 21/3, 1993, S. 528–533

Hook, Sidney, Hannah Arendt's Reflections. In: Dissent, 6/2, 1959, S. 203 (mit einer Antwort Arendts und Entgegnungen von David Spitz und Melvin Tumin in 6/1, 1959)

Howe, Irving, ‹The New Yorker› and Hannah Arendt. In: Commentary, 36, Oktober 1963, S. 318–319

Isaac, Jeffrey C., At the Margins: Jewish Identity and Politics in the Thought of Hannah Arendt. In: Tikkun, 5/1, 1989, S. 23–26, 86–92

–, Oases in the desert: Hannah Arendt on democratic politics. In: American Political Science Review, 88 (1), 1994, S. 156–167

Jacobitti, Suzanne, Arendt, Politics and the Self II: Hannah Arendt and the Will. In: Political Theory, 16/1, 1988, S. 53 ff.

–, The Public, the Private, the Moral: Hannah Arendt and Political Morality. In: International Political Science Review, 12/4, 1991, S. 281–293

Jaspers, Karl, Zum Eichmann-Prozeß. Ein Interview mit François Bondy. In: Ders., Provokationen. Gespräche und Interviews, hg. von Hans Saner, München 1969

–, Eichmann in Jerusalem. Ein Gespräch mit Peter Wyss über das gleichnamige Buch von Hannah Arendt. In: Ders., Provokationen, München 1969

Jay, Martin, und Leon Botstein, Hannah Arendt: Opposing Views. In: Partisan Review, 45/3, 1978, S. 348–416

Justman, Stewart, Hannah Arendt and the Idea of Disclosure. In: Philosophy and Social Criticism, 8, Winter 1981, S. 405–423

Kateb, George, Death and Politics: Hannah Arendt's Reflections on the American Constitution. In: Social Research, 54/3, 1987, S. 605–616 (mit einer Stellungnahme von Fred Dallmayr: Public or Private Freedom? Response to George Kateb, S. 617–628)

King, Richard H., Endings and Beginnings: Politics in Arendt's Early Thought. In: Political Theory, 12, Mai 1984, S. 235–251

Knauer, James, On Canovan: Pitkin, Arendt and Justice. In: Political Theory, 11, August 1983, S. 451–454

Kohn, Jerome, Thinking/Acting. In: Social Research, 57/1, 1990, S. 105–134

Kostelanetz, R., Hannah Arendt. The Modern Seer. In: Free Inquiry, Buffalo, 3/2, 1983, S. 15–18

Krieger, Leonard, The Historical Hannah Arendt. In: Journal of Modern History, Chicago, 48, 1976, S. 672–684

Laqueur, Walter, The Shortcomings of Hannah Arendt. In: Jewish Cronicle, London, 11. Oktober 1963, S. 7

Lefort, Claude, Une Interprétation de l'antisémitisme: Hannah Arendt. In: Commentaire, Paris, 5, Nr. 20, 1982/83, S. 654–660; 6, Nr. 21, 1983, S. 21–28

Levin, Martin, On ‹animal laborans› and ‹homo politicus›. In: Political Theory, 7, November 1979, S. 521–531

Dazu: Margaret Canovan, On Levin's ‹On animal laborans and homo politicus›. In: Political Theory, 8, August 1980, S. 403–405

Lloyd, Margie, In Tocqueville's shadow: Hannah Arendt's liberal republicanism. In: Review of Politics, 57/1, 1995, S. 31–58

Luban, David, On Habermas on Arendt on Power. In: Philosophy and Social Criticism, 6, Winter 1979, S. 81–95

–, Explaining Dark Times. Hannah Arendt's Theory of Theory. In: Social Research, 50/1, 1983, S. 215–248

Ludz, Ursula, Hannah Arendt: unabhängig weiblich. In: du (Zürich), 1993, H. 11, S. 48–52

McCarthy, Mary, The Hue and the Cry. In: Partisan Review, 31/2, 1964, S. 82–94. Auch in: The Writing on the Wall and Other Literary Essays, New York 1970 (dt. in Die Welt, 10. Oktober 1964)

–, Hannah Arendt and Politics. In: Partisan Review, 51/4, 1984, S. 729–738

McKenna, George, On Hannah Arendt: Politics as it is, was, might be. In: Salmagundi 10–11, 1969/70, S. 104–122

Marti, Urs, Öffentliches Handeln – Aufstand gegen die Diktatur des Sozialen. Überlegungen zu Hannah Arendts Politik-Begriff. In: Deutsche Zeitschrift für Philosophie, 40/5, 1992, S. 513–525

More on Eichmann. Briefe von Marie Syrkin, Harold Weisberg, Irving Howe, Robert Lowell, Dwight Macdonald, Lionel Abel, Mary McCarthy, William Phillips. In: Partisan Review, 31/2, 1964, S. 253–283

Nelson, John S., Politics and Truth: Arendt's Problematic. In: American Journal of Political Science, 22/2, 1978, S. 270–301

Neumann, Bernd, Korrespondenzen: Uwe Johnson und Hannah Arendt. In: du (Zürich), 1992, H. 10, S. 62–67

Nordmann, Ingeborg, Alle Freiheit liegt in diesem Anfangenkönnen. In: Freibeuter, Nr. 24, 1985, S. 105–117

Pankow, Gisela, Rejet et identité. In: Revue française de psychanalyse, 42/2, 1978, S. 289–299

Passerin d'Entrèves, Maurizio, Agency, Identity and Culture: Hannah Arendt's Conceptions of Citizenship. In: Praxis International, 9/1–2, 1989, S. 1–24

Pitkin, Hanna Fenichel, On Relating Private and Public. In: Political Theory, 9/3, Aug. 1981, S. 327–352. Dazu: Margaret Canovan, On Pitkin, ‹Justice›, a.a.O. 10/3, Aug. 1982, S. 464–468

Popper, Karl, Heidegger and Hannah Arendt. In: Times Literary Supplement, 10. September 1982, S. 973

Power, Samantha, The Lesson of Hannah Arendt. In: New York Review of Books, 51/7, April 29, 2004

Rametta, G., Communicazione, judizio ed esperienza del pensiero in Hannah Arendt. In: G. Duso (Hg.), Filosofia politica e poetica del pensiero, Mailand 1988

Rathore, L. S., und P. S. Barthi, Hannah Arendt's Contribution to Contemporary Political Theory. In: Indian Journal of Political Science, 40/3, 1979, S. 367–379

Ricœur, Paul, Action, Story and History: On Rereading The Human Condition. In: Salmagundi 1983, 60, S. 60–72

Rieff, Philip, The Theology of Politics: Reflections on Totalitarianism as the Burden of our Time. In: Journal of Religion, 32, April 1952, S. 120–121

Ring, Jennifer, On Needing both Marx and Arendt. Alienation und the Flight from Inwardness. In: Political Theory, 17/3, 1989, S. 432–448

–, The Paria as Hero: Hannah Arendt's Political Actor. In: Political Theory, 19/3, 1991, S. 433–452

–, Hannah Arendt and the Eichmann controversy: cultural taboos against female anger. In: Women and Politics, 18/4, 1997, S. 57–79

RITTER SANTINI, LEA, La passione di capire. Hannah Arendt e il pensare lettera-
tura. In: Dies. (Hg.), Il Futuro alle spalle, Bologna 1981

RUBINOFF, LIONEL, The Dialectic of Work and Labour in the Ontology of Man.
In: Humanitas, 7, Herbst 1971, S. 147–176

SCHEFFLER, WOLFGANG, Hannah Arendt und der Mensch im totalitären Zeitalter.
In: Beilage zu Politik und Zeitgeschichte, 14/15, 1964, S. 19–38

SCOTT, JOAN VECCHIARELLI, Alien Nation: Hannah Arendt, the German Emigrés
and American. In: European Journal of Political Theory, 3/2, 2004, S. 167–176

SHKLAR, JUDITH N., Hannah Arendt as Pariah. In: Partisan Review, 50/1, 1983,
S. 64–77

SÖLLNER, ALFONS, Hannah Arendt's The Origins of Totalitarianism in its Original Context. In: European Journal of Political Theory, 3/2, 2004, S. 219–238

SPRINGBORG, PATRICIA, Arendt, Republicanism and Patriarchalism. In: History of
Political Thought, 10/3, 1989, S. 499–523

STERN, PETER, und JEAN YARBROUGH, Vita activa and vita contemplativa: Reflections on Hannah Arendt's Political Thought of ‹The Life of the Mind› (New
York 1978). In: Review of Politics, 43/3, 1981, S. 323–354

STERNBERGER, DOLF, Hannah Arendt – Denkerin der Polis. In: ECKEHARD
NORDHOFEN (Hg.), Physiognomien – Philosophen des 20. Jahrhunderts in Por-
traits, Königstein/Ts. 1985

STEVENS, BERNARD, Hannah Arendt après 1984. L'Humanité contemporaine entre le totalitarisme et la démocratie. In: La Nouvelle Revue, Brüssel, 81/2, 1985,
S. 144–157

STOLTE, DIETER, Der Mensch als handelndes Wesen. Hannah Arendt und die
‹Vita activa›. In: Politik als Gedanke und Tat, 1967, S. 17–27

STRASSENBERGER, GRIT, Die poetische Urteilskraft im politischen Verstehens-
konzept Hannah Arendts. In: Berliner Debatte INITIAL, 10 (6), 1999,
S. 73–83

SUCHTING, W. A., Marx and Hannah Arendt's ‹The Human Condition›. In:
Ethics, 73, Herbst 1963, S. 47–55

SYRKIN, MARIE, Miss Arendt surveys the Holocaust. In: Jewish Frontier, 30, Mai
1963, S. 7–14

–, Hannah Arendt: The Clothes of the Empress. In: Dissent, 10, Herbst 1963,
S. 344–352

TIJMES, PIETER, Geen Ethisch Reveil in de Politiek. In: Algemeen Nederlands
Tijdschrift voor Wijsbegeerde, 73, 1981, S. 139–150

TSAO, ROY, Arendt Against Athens. In: Political Theory, 30 (1), 2001, S. 97–123

VETÖ, MIKLOS, Cohérence et terreur: Introduction à la philosophie politique de
Hannah Arendt. In: Archives de Philosophie, Paris, 45, 1982, S. 549–584

VIEFHAUS, ERWIN, Von der Banalität des Bösen. Zu Hannah Arendts ‹Eichmann
in Jerusalem›. In: Weltwoche, Zürich, 32, Nr. 1620, 1964, S. 69–70

VOEGELIN, ERIC, The Origins of Totalitarianism. In: Review of Politics, 15, 1953,
S. 68–85

VOLLRATH, ERNST, Hannah Arendt bei den Linken. In: Neue Politische Literatur,
38/1993, S. 361–372

VOLPI, FRANCO, Il pensiero politico di Hannah Arendt e la riabilitazione della filosofia pratica. In: Il Mulino, 35, Nr. 303, Jan.-Febr. 1986, S. 53–75

WERNER, E., Hannah Arendt et la violence. In: Contrepoint, 9, Januar 1973,
S. 29–37

Wijsgerig Perspectief op Maatschappij en Wetenschap (Amsterdam), 32/1,

1991/92. Hg. von JACQUES DE VISSCHER und MAURICE WEYEMBERGH (mit Aufsätzen von R. Peeters, A. M. Roviello, F. Collin, J. M. Chaumont, B. Flynn, R. Legro u. a.)

WILLETT, JOHN, The Story of Brecht's Odes to Stalin. In: Times Literary Supplement, 29. März 1970

WILLIAMS, GARRATH, Love and Responsibility: A Political Ethic for Hannah Arendt. In: Political Studies 46, 1998, S. 937–950

WOLFF, KURT H., Man's Historicity and Dualism: The Significance of Hannah Arendt's ‹The Human Condition› for Sociology. In: Ders., Trying Sociology, New York 1974, S. 225–262

YOUNG-BRUEHL, ELISABETH, und SHELDON S. WOLIN, Exchange on Hannah Arendt. In: The New York Review of Books, 26/2, 25. Januar 1979, S. 46–47

YOUNG-BRUEHL, ELISABETH, On Hannah Arendt ‹The Life of the Mind›. In: Political Theory, 10/2, Mai 1982, S. 277–305

d) Vergleichende Schriften

ADAMSON, WALTER L., Beyond ‹Reform or Revolution›, Notes on Political Education in Gramsci, Habermas and Arendt. In: Theory and Society, 6, November 1978, S. 429–460

BEINER, RONALD, Political Judgement. London 1983

–, und JENNIFER NEDELSKY (Hg.), Judgment, Imagination, and Politics: Themes from Kant and Arendt, Lanham 2001

BERNSTEIN, RICHARD J., Beyond Objectivism and Relativism: Science, Hermeneutics and Praxis, Philadelphia 1983

–, Philosophical Profiles: Essays in a Pragmatic Mode, Philadelphia 1986

COURTINE-DENAMY, SYLVIE, Trois femmes dans de sombres temps. Edith Stein, Hannah Arendt, Simone Weil ou Amor fati, amor mundi, Paris 2002

ERLER, HANS, Hannah Arendt, Hegel und Marx. Studien zu Fortschritt und Politik. Köln 1979

ESPOSITO, ROBERTO, L'origine della politica. Hannah Arendt o Simone Weil? Rom 1996

FERRY, LUC, Stalinisme et historicisme. La critique du totalitarisme stalinien chez Hannah Arendt et Raymond Aron. In: E. PISIER-KOUCHNER (Hg.), Les interprétations du stalinisme, Paris 1983, S. 227–255

Finnish Yearbook of Political Thought, Hannah Arendt and others, vol. 2, 1998

FLYNN, BERNARD C., The Question of an Ontology of the Political: Arendt, Merleau-Ponty, Lefort. In: International Studies in Philosophy, 16/1, 1984, S. 1–25

GERMINO, DANTE, Beyond Ideology: The Revival of Political Theory, New York 1967

HONIG, BARBARA, Declaration of Independence: Arendt and Derrida on the Problem of Founding a Republic. In: American Political Science Review, 85/1, 1991, S. 97–113

–, Political Theory and The Displacement of Politics, Ithaca 1993

ISAAC, JEFFREY C., Arendt, Camus and Modern Rebellion, New Haven 1992

JACOBSON, NORMAN, Pride and Solace. The Functions and Limits of Political Theory. Berkeley 1978

JOHNSON, CHALMERS, Bedingungen der Revolution. In: M. JÄNICKE (Hg.), Politische Systemkrisen, Köln 1973

KARIEL, HENRY S., In Search of Authority: Twentieth-Century Political Thought, Glencoe 1964

McClusky, John Evans, A Dilemma of Existential Political Theory. An Analysis of Political Cohesion and Freedom in the Writings of Jean-Paul Sartre and Hannah Arendt, Berkeley 1971

Martin, Richard T., Nietzsche and Arendt: On Public Action in Mass Society. Diss. Kent State Univ. 1977

Narcy, Michel, und Etienne Tassin (Hg.), Les catégories de l'universel: Simone Weil et Hannah Arendt, Paris 2001

Nye, Andrea, Philosophia: The Thought of Rosa Luxemburg, Simone Weil and Hannah Arendt, New York 1993

Olsen, Gary Raymond, The Effort to Escape from Temporal Consciousness as Expressed in the Thought and Work of Hermann Hesse, Hannah Arendt and Karl Löwith, Arm Arbor 1977

Parekh, Bikhu, Contemporary Political Thinkers, Oxford 1982

Pitkin, Hanna Fenichel, Wittgenstein and Justice, Berkeley 1972

Plessner, Monika, Die Argonauten auf Long Island, Berlin 1995

Reck, Andrew J., Metaphysics and Authority. In: Cogito 1, März 1983, S. 1–13

Smith, Roger W., Redemption and Politics. In: Political Science Quarterly, 86/2, 1971, S. 205–231

Spitz, David, The Politics of Segregation. In: The Liberal Idea of Freedom, Tucson 1964

Stevens, Bernard, Action et narrativité chez Paul Ricœur et Hannah Arendt. In: Études Phénoménologiques, 1/2, 1985, S. 93–109

Stillmann, P. G., Freedom and Participation: The Revolutionary Theories of Hegel and Arendt. In: American Behavioral Scientist, 20. März 1977, S. 477–492

Vowinckel, Annette, Hannah Arendt und Jean-Paul Sartre. In: Jahrbuch für Antisemitismusforschung, 9, 2000, S. 148–163

Young-Bruehl, Elisabeth, Cosmopolitan History. In: Revue Internationale de Philosophie, 37, Nr. 147, 1983, S. 440–449

Wimmer, Reiner, Vier jüdische Philosophinnen: Rosa Luxemburg, Simone Weil, Edith Stein, Hannah Arendt, Tübingen 1990

Wolff, Kurt, Vorgang und immerwährende Revolution: Prosa und Szenen (mit Texten von Hermann Broch und Hannah Arendt), Wiesbaden 1978

Wolin, Richard, Heideggers Children: Hannah Arendt, Karl Lowith, Hans Jonas, and Herbert Marcuse, Yale 2003

e) Rezensionen

Abel, Lionel, Pseudo-Profundity. In: New Politics, 1/1, 1961, S. 124–131

Abelson, Raziel, Intellectual Elitism. In: New Leader, 61, 22. Mai 1978, S. 19–21

Adler, Hans G., Was weiß Hannah Arendt von Eichmann und der ‹Endlösung›? In: Allgemeine, 18, 20. November 1964

Aron, Raymond, L'essence du totalitarisme. In: Critique, Paris, 10, H. 80, Januar 1954, S. 51–70 (auch in Commentaire, Nr. 28, Februar 1985)

Auden, Wystan H., Thinking What We Are Doing. In: Encounter, 12/6, 1959, S. 72–76. Nachdruck in: A. Krystal (Hg.), A Company of Readers, New York 2001

Bahro, Rudolf, Hannah Arendt: Elemente und Ursprünge totaler Herrschaft. In: Die Zeit, 16. März 1984

Van Dam, H. G., Der jüdische Widerstand. In: Allgemeine, 18, Nr. 46, 14. Februar 1964

Epstein, Leslie, The Jew as Pariah. In: The New York Review of Books, 26, 21. Januar 1979

Errera, Roger, Un procès inachevé. In: Critique, 31, H. 241, 1964, S. 262–274

Fest, Joachim, Die Anstößigkeit Hannah Arendts. In: FAZ, 12. März 1977

Gehlen, Arnold, Vita activa. In: Merkur, 15, 1961, S. 482–486

Habermas, Jürgen, Die Geschichte von den zwei Revolutionen. In: Philosophisch-politische Profile, erw. Aufl. Frankfurt a. M. 1981

Hahn, Barbara, Im Raum der Einsamkeit (Denktagebuch). In: Die Zeit, Nr. 47, 2002

Heuer, Wolfgang, Politisches Urteilen in unsicheren Zeiten. In: Merkur, 39, H. 442, 1985, S. 1086–1099

Kateb, George, Dismanteling Philosophy. In: The American Scholar, 48, 1978/79, S. 118–126

Kazin, Alfred, Woman in Dark Times. In: The New York Review of Books, 33, 24. Juni 1982

Kohn, Hans, The Search for Freedom Is Not Enough. In: The New York Times Book Review, 1, 14. April 1963

McCarthy, Mary, The vita activa. In: The New Yorker, 35, 18. Oktober 1958

Moors, Kent F., Modernity and Human Initiative in the Structure of Hannah Arendt's ‹Life of the Mind›. New York 1978. In: Political Science Reviewer, 10, 1980, S. 189–230

Nordmann, Ingeborg, Vom Wagnis der Öffentlichkeit. Zum Briefwechsel zwischen Hannah Arendt und Karl Jaspers. In: Freibeuter, Nr. 28, 1986, S. 137–143

–, Zwischen allen Stühlen (Zur Zeit). In: Die Tageszeitung, 13. Oktober 1986

Oakeshott, Michael, A Review of Between Past and Future. In: Political Science Quarterly, 77, März 1962, S. 88 ff.

Parekh, Bikhu, Does Traditional Philosophy Rest On A Mistake? In: Political Studies, 27, Juni 1979, S. 294–300

Riesman, David, Review of The Origins of Totalitarianism. In: Commentary, 11/4, 1951, S. 392–397

Schirnding, Albert v., Nachtflüge. Zu Hannah Arendts nachgelassenem Werk ‹Vom Leben des Geistes›. In: Merkur, 34/3, 1980, S. 282–287

Schürmann, Reiner, Le temps de l'esprit et l'histoire de la liberté. In: Les Études philosophiques, Juli-September 1983, S. 357–362

–, Besprechung der Kant-Lectures. In: Kant-Studien, 75/1, 1984, S. 123–126

Sternberger, Dolf, Vernünftige Erkenntnisse und übermütige. Zum Briefwechsel zwischen Hannah Arendt und Karl Jaspers. In: FAZ, 3. Dezember 1985

Tuchman, Barbara, The Final Solution. In: The New York Times Book Review, 29. Mai 1966, S. 3, 12

Vollrath, Ernst, Paria und Parvenu. Über Hannah Arendts politisches Denken. In: FAZ, 11. Juni 1985

Wolin, Sheldon S., Stopping to think. In: The New York Review of Books, 25/16, 26. Oktober 1978, S. 16–21

f) Nachrufe und Erinnerungen

Abel, Lionel, The Intellectual Follies, New York 1984

Baron, Salo W., Personal Notes: Hannah Arendt (1906–1975). In: Jewish Social Studies, 38/2, 1976, S. 187–189

Barrett, William, The Truants, New York 1982

Crick, Bernard, Hannah Arendt. In: Times, London, 12. Dezember 1975

FETSCHER, IRING, Antwort auf eine unheile Welt. Zum Tode von Hannah Arendt. In: Die Zeit, Nr. 51, 12. Dezember 1975, S. 35

FRENZEL, IVO, Treue als Zeichen der Wahrheit. Zum Tode von Hannah Arendt. In: Süddeutsche Zeitung, 8. Dezember 1975, S. 15

HABERMAS, JÜRGEN, Alfred Schütz. Die Graduate Faculty of Social Research (1980): In: Philosophisch-politische Profile, erw. Ausg., Frankfurt a. M. 1981

HAYDN, HIRAM C., Words and Faces, New York / London 1974

HOWE, IRVING, A Margin to Hope. An Intellectual Autobiography, New York 1982

JOHNSON, UWE, Ich habe zu danken. Zur Erinnerung an Hannah Arendt. In: FAZ, 8. Dezember 1975, S. 19

JONAS, HANS, Hannah Arendt. In: Partisan Review, 43 / 1, 1976, S. 12–13

KAZIN, ALFRED, New York Jew, New York 1978

LOWELL, ROBERT, On Hannah Arendt. In: The New York Review of Books, 23 / 8, 13. Mai 1976

MCCARTHY, MARY, Saying Good-bye to Hannah. In: The New York Review of Books, 22 / 2, 22. Januar 1976 (dt. in Die Zeit, Nr. 3, 13. Januar 1978)

–, Notes and Comments. In: New Yorker, 22. Dezember 1975

PHILIPS, WILLIAM, A Partisan View, New York 1983

SANER, HANS, Eine Stimme, die keiner vergißt. Zum Tode von Hannah Arendt. In: National-Zeitung, Basel, 8. Dezember 1975

SHKLAR, JUDITH N., Hannah Arendt's Triumph. In: New Republic 173, Dezember 1975, S. 8–10

SONTHEIMER, KURT, Das tätige Leben der Hannah Arendt. In: FAZ, 8. Dezember 1975

STERN, PETER, und JEAN YARBROUGH, Hannah Arendt. In: The American Scholar, 47, Sommer 1978, S. 371–381

WIESE, BENNO V., Ich erzähle mein Leben. Erinnerungen, Frankfurt a. M. 1982

3. Medien

The Hannah Arendt Papers at the Library of Congress, http://memory.loc.gov/ammem/arendthtml/arendthome.html

Hannah-Arendt-Zentrum, Institut für Politikwissenschaft, Karl von Ossietzky-Universität Oldenburg, www.uni-oldenburg.de/arendtzentrum/

Hannah Arendt, Von Wahrheit und Politik. Reden und Gespräche, 5 CD-Audio. Hg. von URSULA LUDZ, Der Hörverlag, 1999

Berlin Arendt Networking Group, www.HannahArendt.net

Hannah Arendt Preis für politisches Denken e.V., Bremen, www.hannah-arendt.de

Zur Person – Hannah Arendt im Gespräch mit Günter Gaus, BRD 1964, 60 Min.

Erbschaft eines Angestellten. Über Hannah Arendt, Eichmann und die «Banalität des Bösen», von EIKE GEISEL, Deutschland 1990, 45 Min.

THE SPECIALIST, Regie: Eyal Sivan, Frankreich 1999, 128 Min. (Basiert auf ‹Eichmann in Jerusalem›)

Namenregister

Über den Autor

Wolfgang Heuer, 1949 in Köln geboren, studierte Geschichte, Germanistik und Lateinamerikanistik. Veröffentlichungen zu historischen und politischen Themen Lateinamerikas, Arbeit in der entwicklungspolitischen Erwachsenenbildung, ehem. Mitherausgeber der Zeitschrift «Befreiung».

Quellennachweis der Abbildungen

Historisches Museum der Stadt Hannover: 11
Slg. Wolfgang Heuer: 16 o., 72
Library of Congress, Washington: 18, 34 o., 34 u., 35, 51, 79
Heimatverein für den Bezirk Steglitz: 28
Bibliothèque Nationale, Paris: 33
Aus: Sefer Magnes, Magnes Anniversary Book, Jerusalem 1938: 39 li.
Martin Buber-Archiv, Jüdische National- und Universitätsbibliothek, Jerusalem: 40
Aus: Encyclopaedia Judaica, Bd. 10 u. 15, Jerusalem 1971: 39 re., 83
Rainer Funk, Erich Fromm-Archiv, Tübingen: 41
ullstein bild, Berlin: 48, 57, 58/59, 62, 74, 76, 86, 96/97, 103, 104 u., 104 o.
Landesbildstelle, Berlin: 55
Foto: Lale Goehr: 61
Aus: Gershom Scholem, Sabbatai Seri, London 1973: 81
Panstwowe Muzeum, Auschwitz: 91
Archäologisches Seminar der Universität Hamburg: 95
Privatbesitz: 100
Internationaal Instituut voor Sociale Geschiedenis, Amsterdam: 107
Aus: Corrada Pallenberg, Hinter den Türen des Vatikan, München 1961: 111
Deutsches Literaturarchiv, Schiller Nationalmuseum, Marbach: 113
Foto: Erica Loos: 117
Foto: Rhoda Nathans: 120/121

Alle anderen Bilder stellte Frau Lotte Köhler, New York, zur Verfügung, wofür wir vielmals danken. Ebenfalls danken wir dem Institut für die Geschichte der deutschen Juden, Hamburg, für freundliche Hilfe bei der Beschaffung von Bildmaterial.